황혼의 체온

———

노인들은 왜
박카스 아줌마를
찾아가는가?

노인의 성은 노인이 안다.
이 책은 70대 노인이 쓴 노인을 위한
노인의 성 얘기다.

황혼의 체온

초판 1쇄 발행 2014년 11월 1일

지은이 **이규현** · 발행인 **권선복** · 편집주간 **김정웅** · 기록 · 정리 **조웅연** · 디자인 **이민영** · 마케팅 **이준행** · 전자책 **신미경** ·
발행처 **도서출판 행복에너지** · 출판등록 제315-2011-000035호 · 주소 (157-010) 서울특별시 강서구 화곡로 232 ·
전화 **0505-613-6133** · 팩스 **0303-0799-1560** · 홈페이지 www.happybook.or.kr · 이메일 ksbdata@daum.net

값 18,000원
ISBN 979-11-5602-076-9 13330

도서출판 행복에너지는 독자 여러분의 아이디어와 원고 투고를 기다립니다. 책으로 만들기를 원하는 콘텐츠가
있으신 분은 이메일이나 홈페이지를 통해 간단한 기획서와 기획의도, 연락처 등을 보내주십시오. 행복에너지의
문은 언제나 활짝 열려 있습니다.

황혼의 체온

이규현 지음

도서
출판 행복에너지

너의 젊음이 너의 노력으로

얻은 상이 아니듯이

나의 늙음도 나의 잘못으로

받은 벌이 아니다.

영화 「은교(박범심 원작)」에서

인간은 젊음의 자만심에 도취되어
늙음을 보지 못하는구나.
지금 내 안에도
미래의 노인이 살고 있다.

석가모니

「인간은 시간이 가는 것을 두려워한다.
죽음은 인간에게 찾아온 최대의 공포다.」
시간이 가면 황혼이 오고 황혼이 오면 죽음이 오기 때문이다.
황혼을 맞이한 인간의 모습에서 우리는 인생의 무상을 느낀다.

청산의 저 분묘(墳墓)가
나의 청춘이 아니런가
묻노라 백골이여
주인공은 어디 멘고
인생백년 먼 듯하나
삼사초를 못 넘느니

어느 스님의 죽음에 대한 노래에서[1]

---

1   김종재 지음. 인간관계론. 2006년. 3월 서울. 박영사. p. 208.

인생의 행복이라고 하는 큰 테마에 대해서 여러 가지 의견
이 있을 수 있을 것이다. 그러나 각자가 갖는 의견이 어떤 것
이든 인생의 행복이라는 것은 하루하루가 즐거움으로 충족되
지 않으면 안 된다. 그런 나날의 쌓임이 인생이라고 하는 것
이기 때문이다.

사람마다 인생관이 다르고
가치관이 다르 듯이
삶의 가치와 행복의 기준 또한 다르다
각자가 생각하고 느끼는
행복의 부피와 무게가 다를 수밖에 없다
세계의 70억 인구의 피부와
얼굴이 다 다르듯이…….
분명한 것은 인간인 이상
노인도 즐겁고 싶다.
그것은 소중하고 존중되어야 한다.
거기에 성이 있다.

아직 세상에 태어나지도 않은 32주밖에 안 된

태아(女兒)가 마스터베이션을 하는 것을 보고

우리는 어떤 생각을 해야 할까?

또 90대 중반의 남성이 환락녀(歡樂女)를 찾아가는 것을 보고

이웃 일본에서는 110세의 노인이

젊은 여성들의 하체를 더듬는 것을 보며,

당신은 경의를 표할 것인가 아니면 추태라고 비난을 할 것인가?

당신의 의사와는 상관없이 그것은 사실이다.

또 그것이 인간의 성이다.

인간의 기본적이고도 궁극적인 삶의 근거지는 가정이다. 그러나 독신 고령자들은 물론, 많은 노인들이 따뜻해야 할 지상의 낙원이요, 천국이라는 가정환경과는 동 떨어진 삶을 살아가고 있다. 그러나 그들은 불행한 가정적 환경을 스스로 극복하기에는 너무 버겁다.

인간은 보상을 원하는 동물이다. 그러기에 불행한 과거를

가졌던 지금의 노인들은 지난날에 대한 보상을 받고 싶다. 물질도 중요하고 노년에 느낄 수 있는 따뜻한 애정이 절실하다.

전쟁과 빈곤을 헤치며 눈물겹도록 서러웠던 지난날의 삶이 너무 억울해 황혼의 나이에도 떠날 준비를 못하고 곧 지평선 너머로 모습을 감출, 현란(絢爛)하지만 열기(熱氣) 없는 석양을 바라보며 고독에 몸부림치고 있다.

인생의 길은 사랑의 길이다. 그러나 이런 저런 이유로 허물어진 노인들의 가정에 사랑의 꽃은 피지 않는다. 남편(아내)가 없고 자식들도 그렇고 그렇고……. 그들에게는 모티베이션(motivation)이 없다.

서울 시내 여러 노인복지관을 비롯하여 종묘, 종로삼가역, 더 나가서는 서울 근교의 유원지가 노인들로 만원을 이루고 있다. 그 모습을 보면 각양각색이다. 어떤 이는 기가 죽어 초라한 모습을 하고 있고 어떤 이는 나름대로 당당하여 그 속에서도 열변을 토하며 강연을 하고 있고….

특히 종묘공원은 노인들이 가장 많이 모이는 야외 공간(野外空間)이다. 누군가는 그곳을 퇴적(堆積) 공간이라고 표현했다. 거기에 모이는 노인 대부분은 많은 것을 상실한 사람들이다. 청춘이 가고 직업을 잃고 경제력을 빼앗기고 그야말로 모든 자원이 상실된 노인이 절대다수다.

소일거리가 없다. 외롭다. 젊은이들이, 자식들이 무시한다. 유유상종(類類相從)이라고 했던가? 그래서 같은 노인들이 많은 이곳을 찾는데, 그렇다고 별 뾰족한 수가 있는 것도 아니다. 게다가 이곳에서도 명백한 등급이 존재한다. 주머니에 돈만 원짜리 몇 장이라도 있는 사람과 점심값도 없어 무료급식소를 찾아야 하는 불평등이 상존한다.

그러나 그들 모두의 가슴에는 아직 생명이 살아 있음을 알리는 심장의 고동이 뛰고 있다. 특히 70세 전후의 세대들은 국난(國難)의 시기에 태어나 성장했고 젊은 시절을 살아왔다. 전쟁의 참화(慘禍), 빈곤의 고통이 그들의 젊음을 짓이겼다.

그들의 젊음이 그토록 비참했더라도 생리적 욕구마저 사라진 것은 아니었다. 인간은 나이가 몇 살이 되어도 또는 처한 환경에 관계없이 살아 있는 한 생리적 욕구는 있는 것이다. 식욕과 성욕이다. 그 욕구가 없다면 그것은 살아 있는 인간이 아니다. 그곳에 모인 그들도 현재의 나이와 환경에 상관없이 그런 욕구를 갖고 있다.

인간의 가장 기본적인 생존도구는 의식주다. 그러나 그 이전에 종족 보존의 욕구가 있고 크로마뇽인으로 대표되는 현생 인류의 탄생 무렵부터 인간의 성문화는 다른 동물과 완전히 다른 방향으로 발전해왔다. 즉 번식기가 아닌 때, 쾌감을 위해 섹스를 할 줄 아는 동물이 된 것이다.

철학적 인간학은 20세기에 이르러서 중요한 철학 분과로 자리 잡았다. 철학적 인간학은 인간과 그의 본질, 우주 내에서 인간의 위치를 반성하는 학문이다. 그런고로 인간과 동물의 본질적 차이를 규명해내는 작업을 중요시한다. 철학을 전공하지 않은 나로서는 그 깊은 사유에 함부로 끼어들 생각은 없다. 그러나 한 가지 사실만은 강조하고 싶다. 인간과 동물을 구별 짓는 가장 확실한 방법의 하나가 번식기 때 외의 섹스를 하느냐 마느냐에 있다고.

필자는 70대의 고령자 입장에서 고령자들 특히 독신 고령자들이 겪고 있는 현실을 그리고 누군가는 이제 이 화두를 꺼내야 할 시점이 아니냐 하는 사명감도 생겼다. 그래서 자료를 정리하던 중 외국의 도서목록에서 노인의 성을 빼고 노인 복지를 말할 수 없다는 책을 읽고서는 내 얼굴을 거울에 비춰 보았다.

" 그래! 용기를 내라."

　실제로 많은 고령자가 인간의 성이 중요하고 특히 노년의 성이 중요하다는 것을 인식하고 있으면서도 의외로 성에 대해 무지하다. 그래서 성생활을 체념하거나 포기하고 사는 것을 당연하게 생각하고 있다. 언감생심, 이 나이에 길거리에서 젊은 여인의 다리를 훔쳐보는 일도 해서는 안 되는 일인 줄 안다. 그러나 그것은 본능이다. 본능은 숨기기만 해서는 안 된다. 인간은 성에 대해서는 거짓말을 한다. 특히 고령자들의 세계가 더 그렇다. 좋아도 아닌 척, 내색하면 천박한 것 같아서……

　인간은 살아 있는 동안 행복해지고 싶은 욕구가 있고 그중에 으뜸이 성적 즐거움이다. 이를 밝히는 일은 수치스러운 일이 아니다.

　인간이 느낄 수 있는 오감 중 가장 강렬한 것이 성적 쾌감이다. 늙었다는 이유로 또는 빈곤하다는 이유로 이를 제한당한다면 그것은 기본적인 행복추구권이나 인권이 유린당하는 일이다. 성은 삶이며 하늘이 주신 만인 평등의 천부적 권리다. 천부적 권리란 그 누구도 침해할 수 없음을 의미한다. 인간에게 성적 즐거움이 없다면 그것은 살아 있는 목숨이 아니며 성적 욕구를 포기하라면 삶을 포기하라는 것이나 마찬가지다.

　70세 전후의 세대들은 국난의 시기에 태어나 암울했던 시기를 질풍노도와 같이 살아왔다. 사선을 수없이 넘어야 하는 참혹한 전쟁을 겪었고 초근목피(草根木皮)로 연명하는 빈곤을 이겨냈고 국가 경제의 부흥을 위한 산업화의 최일선에서 조국의 근대화를 이끌었다. 사회복지가 아무리 확대돼도 그들의 젊음을 돌려주진 못한다. 인고의 세월을 보낸 그 열정에 대한 보상은 누구도 해줄 수가 없다. 부모님을 하늘처럼 모셨으나 최초로 자식들에게 버림받는 세대가 되어버린 그들이다.
　그렇게 살아온 우리 노년의 곁에는 빈곤과 질병 그리고 고독만이 남아 있다. 노년의 그들은 힘들게 살아왔던 지난날에 대해 회한이 깊다. 따뜻한 사랑과 위로를 받고 싶은 간절함이 있다. 그들에게 인생이 얼마나 남았는지 모르지만, 그들은 아직 리비도(Libido)의 장례를 치르지 않았다. 어쩌면 죽음과 가까운 시기라는 점에서 리비도의 욕망이 더욱 강렬해지는지도 모른다. 인간에게 적당한 성생활은 생활의 활력이자 생명의 원천이다. 그들은 이성과의 대화로 위로를 받고 싶고 따뜻한 체온을 느끼며 욕구를 해소하고 싶다.

박카스 아줌마.

나는 요즘 사회의 화제가 되고 있는 속칭 박카스 아줌마들에 대해 알아보기 위하여 수개월에 걸쳐 그녀들을 만나 인터뷰를 했다. 노인들의 연령대(年齡帶)와 찾는 빈도, 시간대, 계절과의 관계, 그들이 지급하는 화대(花代), 헝위의 대략적인 소요시간, 만족도 등을 파악하고 그녀들의 애환도 들었다. 또한 그녀들을 찾는 노인들도 취재했다. 그들은 자신의 노출을 절대 원하지 않았으며 필자도 그들의 입장을 충분히 이해할 수 있어 개개인 신상문제는 묻지 않기로 했지만 그들이 왜, 어떤 생활환경에서 어떤 심정으로 그녀들을 찾는지는 충분히 파악할 수 있었고 이해할 수 있었다. 노인의 사정은 노인이 알기 때문이다. 물어보고 그들의 말 한 마디 한 마디에 귀 기울였다.

중국의 오행사상에서는 인생의 시기를 청춘(靑春), 주하(朱夏), 백추(白秋), 현동(玄冬)으로 구분한다. 인생의 세월을 쌓고 또 쌓아서 다다른 노령의 경지를 현동이라고 부른다. 우리는 흔히 노년기를 황혼이라고 부른다. 현동이든 황혼이든 모두 검은색을 의미한다. 현동(玄冬)은 어둡고 스산하게 추운 겨울을 의미하고 황혼(黃昏)역시 황흑(黃黑)색을 의미한다.

현동이나 황혼이 되면 하늘빛은 푸른빛이 아니다. dark yellow다. 밀레의 '만종'처럼 들녘에 어둠이 깔리기 시작하고 종소리가 그치면 기도하던 농부도 발길을 돌릴 것이다. 어둠이 깔리고 그리고 곧 별이 빛나겠지만 그 별은 어두운 밤하늘에서만 빛을 발한다. 즉 세상을 밝히는 태양이 없어진 세계다. 황혼은 태양이 저물어 가는 나이다.

그러나 이젠 인생 100세 시대다. 아차, 이미 황혼이나 현동이 아니다. 잠시 소나기가 내리려고 먹장구름이 스쳐 간 것뿐이다. 먹구름이 지나가면 다시 환한 태양을 볼 수 있다.

요즘 고령사회에서 유행하는 말로 60대는 사춘기, 70대는 청년기, 80대는 장년기, 90대에 들어서야 노년기라고 하고, 70대는 노년사회에서 꽃으로 불린다.

일본의 정형외과 의사이며 유명한 작가인 와타나베 준이치(渡辺淳一) 씨는 그가 쓴 숙년혁명(熟年革命)에서 노인, 노년, 고령자란 호칭은 시대에 맞지 않으니 보석으로서 가장 값이 많이 나가고 귀한 플라티나(Platina)세대로 부르자고 주장했다.

실제로 플라티나는 황금같이 화려하지 않고 실버만큼 수수하지도 않고 야하거나 현란하지도 않지만 속에서 빛이 제대로 나는 고귀한 보석이다.

　끝으로 이 짧은 글이 책으로 엮어져 나올 수 있도록 음양(陰陽)으로 협조를 해 주신 도서출판 행복에너지 權善福 사장님께 진심으로 감사하며, 산만한 자료를 필자가 의도하는 대로 가장 근접하게 정리하여 편집해준 조웅연 선생과 역시 필자의 의도를 잘 헤아려 디자인에 신경 써준 곽민경 디자이너에게 고마움을 표하고 옆에서 격려와 성원을 아낌없이 보내준, 매사에 정열적인 이 시대의 명강사, 고등학교 동창생 이보규 교수에게 지면을 빌어 뜨거운 마음으로 감사하는 바이다.

2014년 10월

尤民 李圭顯

우민 이규현

제3장 · 불량노인이 되자

제6장 · 꽃피는 황혼을 위하여

내 나이 칠십

김군자

내 나이 칠십이 되니 가슴에 담고픈 말들이 많습니다.
당신의 따뜻한 목소리가 그립습니다.
다정한 목소리가 아니라도 좋습니다.
나를 매료시키는 목소리가 아니라도 좋습니다.
늘 다정한 용기를 주는 그런 목소리가 그립습니다.

사랑의 고백이 아니라도 좋습니다.
가슴 한쪽에 나를 담아 두고 있다고
머릿속에 온통 내 생각뿐이라고 말하지 않아도 좋습니다.
그냥 편안한 일상을 들려주는 목소리가 그립습니다.

무얼 했느냐 아프진 않느냐 밥은 먹었냐
그냥 편한 친구가 말하듯 툭 던지는 그런 목소리
그런 목소리가 이 저녁에 그립습니다. 남자든 여자든
그냥 당신의 목소리가 그립습니다.

내 나이 칠십에 되돌아봐도 내가 한 일이 없습니다.
난 아무리 생각해도 네 아이 키운 것 밖에는 없습니다.
하지만 그리움에 헤멜 때 그럴 때 들려주는 친구
반가움으로 기쁜 목소리로 힘을 주는
그분이 바로 당신이었으면 합니다.

제1장

우리가 살아온
시대적 상황

1. 70세 전후의 사람들이 살아온 시대 상황

현재 고령에 이른 세대, 즉 70세 전후의 세대들이 살아온 시대 상황은 말로 표현할 수 없을 만큼 암울했다. 그들은 일제치하에서 나고 자라면서 제2차 세계대전을 몸소 겪었고 일본의 패망으로 해방을 맞자마자 다시 동족상잔의 비극 6·25를 겪었다.

유난히도 암울했던 그들의 젊은 시절, 그들은 삶의 질이 무엇인지, 행복이 무엇인지, 생각해 볼 겨를이 없었다. 그저 시대가 요구하는 대로 국가의 상황이 처한 대로 혼신의 노력을 다해 피와 땀을 흘렸다.

그들 중 누군가는 일본군에 징집되어 동네 어르신들께 작별인사를 고하다가 해방을 맞았고 또 누군가는 6·25전쟁에 참전해 포로로 잡혀가 송환되기도 하였다. 이렇듯 슬픔과 좌절과 분노로 점철되었던 국난의 시기에 태어나고 자란 우리나라 고령자들의 유·소년기는 불행할 수밖에 없었다.

대한민국이 일제치하로부터 해방되어 8·15 광복을 맞이했을 전후, 경제적 어려움이 극에 달해 있었다. 하루하루 먹고 사는 문제가 절박했던 당시 사람들은 배고픔을 견디지 못해 마을 야적장에서 썩어가고 있는 콩깻묵, 들깻묵을 가져다 끓여 먹곤 했다. 일본군이 군수용으로 쓰기 위해 콩이나 들깨로

기름을 짜고 버린 찌꺼기였다. 상한 깻묵은 곧장 배앓이를 일으켰고 이내 설사로 쏟아졌다. 이번에는 풀뿌리나 나뭇잎으로 허기진 배를 채웠다. 힘도 없고 꿈도 없었다. 영양실조로 황달에 걸려 뻘건 피오줌을 싸는 친구들이 항상 옆에 있었다.

극심한 배고픔으로 항간에는 인육을 먹었다는 소문이 떠돌았다. 한 산모가 허기를 이기지 못하고 자신이 낳은 아기를 닭으로 착각해 삶아 먹었다는 소문이 나돌기도 했다. 민심은 흉흉하고 사회는 극도로 혼란했다.

그런 상황이 얼마 지나지 않아 동족상잔의 비극, 6·25가 발발했다. 이념을 달리한다는 이유 하나만으로 일어난 전쟁이었지만 그 피해는 막대했다. 국방부 통계에 의하면 외국

▲ 60년대의 제주 모슬포 빨래터

인을 포함한 전몰장병이 776,360명에 달하며 민간인 희생자가 621,479명이다. 인명피해 별로 보면, 전사자가 137,899명, 부상자가 450,742명, 실종자가 24,495명, 포로가 8,343명으로 어마어마한 피해였다.[1] 이렇듯 6·25전쟁은 피아 간에 200여 만 명이라는 인명피해를 낸 대참사요 비극이었다. 6·25는 또 30만 명이 넘는 전쟁미망인을 만들어냈다.

전쟁이 한창인 당시, 1952년 5월 27일 자 언론 보도로는 보호시설에 수용된 고아가 31,173명이었으며 수용되지 못한 숫자를 포함하면 그 수는 2~3배가 된다고 했다.

정전 직후인 1953년 7월 30일 자 모 일간신문에 의하면 전쟁고아 및 부랑아가 10여만 명이라고 했지만 추정된 숫자가 그럴 뿐이다. 그 혼란기에 통계 행정이 정확할 리 없다. 아마도 그 숫자는 훨씬 더 높았을 것으로 추정된다.

이렇듯 해방 뒤의 똥구멍이 찢어지는 가난과 내 부모 형제 친구들이 끌려가 피 흘리며 죽어가는 모습을 보고 자란 세대가 현재의 고령자들이다.

그들은 또 국가 경제 재건을 위해 산업화의 최일선에서 혼신의 노력을 다 했다. 그리고 민주화를 이루어냈다. 그 숨차고 거친 세월 속에서 그들이 겪은 아픔과 쓰라림은 극한의 인내를 요구했다.

---

1 국방부 군사편찬 연구소자료실. 2013년 6월 21일.

고령자 중에는 은퇴 후에도 이런저런 사회적 활동으로 행복한 노년을 사는 사람들도 많이 있다. 그러나 질병에 시달리는 극빈층으로 정부의 지원을 받아 요양원 등에서 인생의 마지막을 보내는 노인들이 전체의 19%나 된다. 그 외에도 각종 시설에서 사경을 헤매며 세상 떠날 날만 기다리는 절망적 삶을 살아가는 이들이 너무 많다.

인간이란 게 뭔지, 살아 있다는 게 뭔지 그런 상황 속에서도 나름대로 건강을 유지하고 있는 고령자들은 아직 죽음을 그렇게 심각하게 생각하지 않는다. 인간은 그렇게 어리석게 태어났다. 당장 내일의 죽음을 예측하더라도 오늘의 건강은 더 큰 만족을 포기하지 못한다. 죽음이 덮치기 전에 살아 있음을 확인해보고 싶고 사랑을 받고 싶고 행복해지고 싶다. 그런 그들의 소망을 풀어줄 수 있는 곳은 어딜까?

한 노인이 공원 벤치에 앉아 있다. 한 아줌마가 그에게 다가간다. 아줌마는 노인에게 박카스를 따준다. 노인과 아줌마는 눈이 맞아 둘 사이의 소위 숏타임 계약이 끝나면 인근 여관방으로 들어간다. 한 시간의 행복 여행이 시작된다. 노인과 아줌마의 매춘이다. 아줌마는 박카스를 따즈며 노인을 유혹한다고 해서 박카스 아줌마로 불린다.

이런 광경은 2014년 대한민국 서울 한복판에서 흔히 볼 수 있는 풍경이다. 이들에게 나잇값도 못하고 추태를 부린다고 비난을 할 수 있을까? 노인들이 매춘 여성을 찾아가는 것은 단순히 쾌락을 위한 것이 아니다. 그들이 그녀들을 찾아가는 것은 단순히 짝짓기만을 목적으로 하지 않는다. 그 누구와도 나눌 수 없는, 영혼을 갈기갈기 찢어 놓는 슬픈 고독 때문이다. 그래서 그들을 이해 못 하는 사람들이 볼 때는 우습게 보일 수도 있겠지만, 그들 나름대로는 진지한 삶의 한 부분이다. 적어도 그 시간만은 그렇다. 그래서 그들은 그녀(박카스 아줌마)들을 찾아가서 위안을 얻는다. 방에 들어서자마자 옷을 벗고 기계적으로 성행위를 하고 나오는 젊은이들의 매춘 행위와는 그 의미가 전혀 다르다. 그들은 대화하고 웃고 서로를 안으면서 따뜻한 체온을 느끼면서 고독을 하소하고 치유를 받고자 하는 것이다.

2. 전쟁

1950년부터 1953년까지 만 3년간 전개된 한국전쟁은 20세기 한국사를 전전과 전후의 시기로 철저히 양분했다. 동족 간의 전쟁은 외세의 개입으로 복잡한 양상을 띠었고, 수백만이 살상된 이 전쟁에서 선과 악, 정의와 불의를 구별한다는 것은 불가능했다.

개전 후 불과 7개월 사이에 서울의 주인이 네 번이나 바뀔 정도로 한국 전쟁은 격렬하게 진행되며 수많은 민중이 희생되었다. 서울은 1950년 6월~9월까지, 1951년 1월, 두 차례 북한군, 중공군의 수중에 들었다. 그리고 북한은 1950년 10월~12월까지 한국군, 미군의 통치하에 놓였었다.

네 차례나 통치주체가 바뀐 상태에서 민중들은 이데올로기 선택을 강요당했고 생사의 곡예를 벌여야 했다. 국가와 국가 공권력의 제도적 폭력, 야만성을 경험한 민중들은 전후 가족 공동체만을 신뢰했을 뿐, 깨어진 마을공동체, 지역사회, 시민 사회를 쉽게 허락하지 않았다. 전후 사회의 기본 동력은 사회의 민주주의나 합리적 이성이 아니라 적대 체제에 대한 증오심과 제도적 폭력이었으며, 민중들은 국가 폭력과 공포의 기억에 체념과 무저항으로 근근이 생명을 부지했다.

전쟁에 희생당한 사람들은 전선의 군인들보다 후방의 비전투 민간인들이 많았다. 수많은 민간인이 희생, 학살되었다. 개별적이고 산발적인 소규모의 학살보다 다규모의 계획적이고 조직인 집단학살이 많았다. 제노사이드(Genocide)였다.

종전 직후 한국 정부의 집계로는 피살자 수는 총 128,936명에 이르렀다. 한반도는 유혈의 바다였고 삶은 더는 품위 있거나 명예롭지 않았다. 삶은 비루했고 생사는 순간과 우연에 의해 결정되는 동전 던지기 게임이었다. 살인 · 방화 · 약탈 등이 벌어졌으며 이데올로기에 대한 보복과 무차별 대응의 연쇄반응이 나라를 휩쓸었다.

6 · 25전쟁을 둘러싼 갈등은 여전히 한국인들에게 깊은 상처로 남아있다. 한국인 중 누구도 방관자로서 제3자적 자유를 누릴 수 없었다. 한반도가 평화 · 통일의 길에 접어들어서야 이 상처가 온전하게 치유될 수 있다. 그때야 비로소 한국인들은 더욱 자유롭게 전쟁을 되돌아볼 수 있게 될 것이다.[2]

〈의정부 Y 씨의 증언〉

경기도 의정부에 살다 얼마 전 세상을 떠난 Y 씨(81세)는 6 · 25전쟁 때 험한 꼴을 너무 많이 봤다. 평소 덕망 있고 인자한 동네 어른들이 영문도 모른채 완장을 찬 사람들에게 끌려가 무자비하게 죽어가는 모습을 지켜봤다. 너무나 충격적인 장면이었다. 그리고 한평생 시시때때로 당시의 기억이 떠올랐다. 공포다. 그 공포는 죽을 때까지 그를 놓아주지 않았다.

젊은 시절에는 어찌어찌 견딜 수 있었다. 그러나 나이가 들면서 공포의 정도는 심해졌다. 혼자 있는 것을 견딜 수 없었

---

2   박명림 지음. 한국1950년 전쟁과 평화.2002년11월. 서울.나남출판. pp.5~381

다. 가족이 어서 들어오기만을 기다렸다. 그렇다고 해서 사람들이 모여 있는 경로당이나 노인복지관에 갈 수 있는 것도 아니었다. 사람들이 모여 한 사람을 어떻게 죽이는지 아직도 생생하기 때문이다.

그는 늘 가장 노릇을 하는 아내를 기다리느라 문간에 쪼그려 앉아 있었다. 그러다 치매에 걸렸다. 치매약을 복용하며 갇혀 지내던 그는 지난 8월 말 갑작스러운 흐흡곤란이 와 병원으로 옮겨졌으나 끝내 세상을 뜨고 말았다.

전쟁이 남긴 상처가 한 인간의 일생을 완전히 망쳐놓은 예이다. 이런 경우가 어디 의정부 Y 씨만의 일일까? 총부리를 겨눈 자 앞에서 자기가 묻혀야 할 구덩이를 파고 어느 날 갑자기 찾아온 낯선 사람들이 남편, 아버지, 형제, 어머니, 누나를 개 패듯 팼다. 그리고 끌려가고 행방불명이 되거나 시신이 되었다.

전쟁을 겪은 사람 중 겉으로는 정상인 것처럼 보일지라도 실상은 정신적 트라우마에 시달리는 자들이 많다. 6·25를 겪은 노인들의 대부분은 직, 간접적으로 아직도 그 상처에서 벗어날 수 없다. 그들의 뇌리에는 영원히 지워지지 않는 전쟁의 상흔과 빈곤의 아픈 한이 각인되어 있다. 가슴에 슬픈 멍울을 안고 살아가는 노인들이다. 겪어보지 않은 세대는 모른다.

▲ 1·4후퇴 때 당시 피난 가는 행렬

3. 세계 최빈국 대한민국에서….

　전쟁이 끝나고 당시 어렸거나 젊었던 사람들은 전쟁으로
폐허가 된 조국의 재건과 복구사업에 총력을 기울였다. 고달
픈 삶의 연속이었다. 그러나 가난을 벗고자 하는 그들의 일념
이 대한민국을 '세계 최빈국'이라는 오명을 씻게 하고 경제 강
국으로 도약할 수 있는 초석을 마련했다.
　소나무 껍질을 벗기면 연한 나무 살이 나온다. 소나무의 속

살은 달짝지근하지만, 위장에 들어가면 송진이 굳어 항문을 막아버린다. 힘을 주어 변을 보다 보면 항문이 찢어지는데 이것이 똥구멍이 찢어지게 가난하다는 말을 낳은 것이다. 불과 50~60년 전 현재 노인들이 살아온 궁핍함이다.

또 그들은 가난을 벗기 위해 베트남 전쟁에 참전했는데, 목숨을 걸고 받은 수당은 이등병이 월 $37.5, 중장이 $300이었다. 국방부 자료에 의하면 국가의 재건을 위해 베트남 전쟁에 파병되어 전사한 인명피해는 전사 5,099명, 부상 10,962명,

◀ 전쟁이 휩쓸고 간 조국, 수도 서울
   시민들의 삶은 고달팠다.

지금은 먹을 것이 넘쳐나는 풍요를 누
리고 있지만 당시는 뻥튀기가 소중한
간식거리였다. ▶

행방불명 4명이라고 한다.

독일에 광부와 간호사들도 보냈다. 1만여 명의 광부와 간호사들이 현재 노인에 이른 그들이었다. 그들의 피와 땀으로 이룩한 것이 우리 조국 대한민국의 현대사다.

〈보릿고개〉

황금찬

보릿고개 밑에서

아이가 울고 있다.

아이가 흘리는 눈물 속에

할머니가 울고 있는 것이 보인다.

할아버지가 울고 있다.

아버지의 눈물. 외할머니의 흐느낌.

어머니가 울고 있다.

내가 울고 있다.

소년은 죽은 동생의 마지막

눈물을 생각한다.

에베레스트는 아시아의 산이다.

몽불랑은 유럽.

와스카라는 아메리카의 것.

아프리카엔 킬리만자로가 있다.

이 산들은 거리가 멀다.

우리는 누구도 뼈를 묻지 않았다.

그런데 코리아의 보릿고개는 높다.

한없이 높아서 많은 사람이 울며 갔다. ─ 굶으며 넘었다.

얼마나한 사람은 죽어서 못 넘었다.

코리아의 보릿고개.

안 넘을 수 없는 운명의 해발 구천 미터

소년은 풀밭에 누웠다.

하늘은 한 알의 보리알.

지금 내 앞에 아무것도 보이는 것이 없다.

KBS 강연 100℃ 에 나온 용인의 모 씨(73).

며칠 전(2014년 8월 3일) KBS 1TV의 저녁 프로그램 강연 100℃에 용인에 사는 모 씨(73세 남)가 출연하여 자신이 살아온 일생을 소개 했다. 어릴 때 너무 가난하여 어머니가 영양실조로 세상을 떠났고 어린 여동생이 둘이나 연거푸 굶어 죽었다.

자기는 여덟 살 때 배고픔을 참지 못해 밤에 남의 집 담을 넘었다. 부엌에 들어가 솥을 열어 보니 밥이 큰 그릇으로 한 사발이 담겨 있었다. 이것저것 가릴 겨를도 없었다. 두 손으로 밥 한 그릇을 다 움켜 먹고 집으로 도망 오니 급작스런 과식으로 배탈이 나 며칠을 설사병으로 고생했다고 털어 놓았다.

가난 때문에 중학교 2학년을 중퇴하고 17세의 나이로 품팔이를 시작했다. 3년 동안 죽기 살기로 일을 했더니 논 서 마지기를 살 수 있었고 그후 계속 피땀을 흘려 재산을 일군 결과 이제는 남부럽지 않게 살 수 있게 되었다. 그러나 못 배운 게 한이다. 그 한을 풀기 위해 현재까지 낸 장학금이 8,000만 원이며 앞으로도 계속 더 낼 계획이라고 각오를 밝혔다. 선행을 함과 동시에 못 배운 한에 대한 대리만족이다.

그리고 여덟 살 때 훔쳐 먹은 밥의 빚을 갚기 위해 매년 쌀 25가마씩을 기부한다고 밝혔다. 동행한 부인을 소개할 때는 부인의 등을 만질 수가 없다고 했다. 이유는 일을 하도 많이 해서 등골이 울퉁불퉁 튀어나와 차마 만질 수가 없고 무릎 관절의 연골도 다 닳아 뼈 주사를 맞고 방송국에까지 왔노라고 소개했다. 많은 사람이 눈시울을 붉혔고 필자 역시 울 수밖에 없었다.

이것이 그 어려운 시절을 살아온 70세 전후의 고령자들이다. 그래도 이 분의 경우는 성공한 케이스로서 노년이 행복한 쪽이다. 같은 고생을 하고서도 많은 고령자가 빈곤에 시달린다. 7월 25일, 첫 지급된 노령연금 200,000원을 받아 쥐고 기뻐하는 고령자들을 보며 필자는 만감이 교차했다.

　나는 집에서 조금 떨어진 미군 부대 쓰레기 터를 날마다 찾아갔다. 미군이 쓰다 버린 면도칼이나 톱날처럼 날카로운 깡통 뚜껑에 가끔 발이 베이기는 했지만, 어쩌다 내가 쓰레기 속에서 고기 한 점이라도 찾아내면, 그날은 온 식구가 시큼한 술지게미 대신에 맛좋은 꿀꿀이죽을 끓여 먹었다.
　그래서 논바닥 한가운데 웅덩이 비탈에다 미군이 버린 쓰레기더미가 우리 동네 아이들에게는 즐거운 탐험의 세계였다. 종아리까지 푹푹 빠지는 커피 찌꺼기를 막대기로 파헤치면 갈색 빤딱 종이에다 싼 먹다 남은 초콜릿과 젤리 그리고 때로는 달콤한 굴 따위가 나오기도 했다. 어느 날은 살점이 아직도 많이 붙은 닭 다리가 무척 많이 나왔고 나는 커다란 우유 깡통에 닭고기를 잔뜩 담아 집으로 가지고 갔으며, 어머니는 그 뼈와 고기로 맛있는 국을 끓였고 일터에서 돌아온 아버지는 닭고기 국을 말끔히 닦아 마신 다음 한밤중에 나를 앞세워 다시 쓰레기 터로 보물찾기에 나섰다.[3]

　1950년대 이전에 태어나 평범하게 자란 한국인들은 대개 어린 시절의 배고픔을 기억한다. 이른 봄이견 야산에서 진달

3　안정효 지음. 하얀전쟁.2009년 11월. 서울. 세경. p64.

래를 따 먹다가 비슷하게 생긴 철쭉꽃을 잘못 먹고 배를 잡고 데굴데굴 굴렀던 일. 겨울에 내리는 함박눈이 모두 쌀이었으면 하던 바람들. 오뉴월에 피는 감꽃도 아이들은 그냥 두지 못했다.

1961년 3월을 기준으로 전남도청이 집계한 도내 농가 수는 16만 4,042가구였고 총 94만 6,000명이 대책 없이 굶고 있었다. 당시에는 핵가족 시대가 아니었기 때문에 한 가구를 다섯 명(보통은 그보다 많았지만)으로 잡아보면 87%가 굶는 셈이었다. 열에 아홉은 보릿고개를 넘어야 했던 시대였다.

이즈음 어느 일간 신문에는 다음과 같은 기사가 실렸다.

"각 면사무소에는 구호를 원하는 농민이 줄을 잇고 이들은 대부분 부창증(굶주림 때문에 단백질이 부족해서 살가죽이 들뜨며 몸이 붓는 병) 때문에 발걸음마저 제대로 옮기지 못하고 있다. 이런 현상은 날로 늘어나고 있고 구정이 지난 뒤 10대들의 가출이 부쩍 증가하였다……."

같은 시기에 도시의 모습은 어땠을까?

1961년 3월 12일 자 같은 신문의 사회면을 보면 현대판 흡혈귀라 할 수 있는 일명 '뎃빵족'의 횡포를 개탄하고 있다. 당시 서대문 적십자 병원, 서울대 부속병원, 성모병원, 백병원 등 서울 시내 아홉 개 병원은 자신의 피를 팔아 돈을 마련하는 가난한 이들로 연일 문전성시를 이루었다. 이들은 큰 대접 하나 분량인 380cc의 피를 뽑고 4,000환의 돈을 받았다. 지금의 돈 가치로 환산해 보면 15,000원이 안 되는 돈이다.

그런데 이 피를 팔아 연명하던 사람들을 폭력으로 협박하여 그 피 값에서 500~1,000환을 뜯어내어 먹고사는 족속들이 '뎃빵족'이었다.[4]

---

4 백영훈 지음. 조국 근대화의 언덕에서. 2014년 2월. 서울 마음과 생각. pp.17~78.

▲ 그 당시 아이들은 밥을 굶는 일이 다반사였다.

이 글이 그 어떤 시인의 시보다 가슴을 울리는 이유는 나의 이야기였고 우리 이야기였기 때문이다. 그리고 모두가 사실이었기 때문이다.

4. 새마을운동

현재 노인에 이른 세대가 청·장년이었던 시절은 1960년대 중반에서 1970년대 중반이다. 그 시기는 대한민국의 경제재건 및 부흥으로 온 국민이 단결하던 때였다. 새벽 다섯 시면 동네마다 스피커에서 "우리도 한번 잘 살아보세." 힘차게 새마을 노래가 울려 퍼졌다. 구령에 맞춰 온 국민이 혼연일체가 되어 풍요로운 미래를 위해 온갖 노력을 다했다. 역사적인 경제개발 5개년 계획이 이루어지던 시기였다.

우리나라는 1962~1986까지 5회에 걸친 경제개발 계획을 최우선 과제의 정책으로 수립·시행하였다. 그 결과 연평균 8%라는 놀라울 정도의 고도성장을 이룩한다. 경제개발 계획이 성공함으로써 당시 $80 안팎이던 국민소득이 2013년에 들어서서는 $30,000을 달성했다. 이제 우리나라는 세계 10위권의 경제 대국으로 도약한 것이다. 겨우 50여 년 만에 원조를 받던 세계 최빈국에서 빈민국을 원조해주는 국가로 재탄생했다. 기적이라고 한다. 이는 그 당시 경제발전에 신명을 바쳐 노력했던 지금의 노인 세대들의 희생이 아니라 할 수 없다.

이 세대들이 투혼을 발휘할 수 있었던 배경에는 강대국들의 수탈로 대대손손 가난을 물려받으며 살아온 부모 세대들의 삶을 보며 자랐기 때문이다. 후손들에게 다시는 굶어 죽는 빈곤을 물려줘서는 안 된다는 강력한 의지가 일터로 이들을 몰았기 때문이다.

5. 베이비붐 세대의 울음

온 국민이 경제개발 5개년 계획에 일치단결하던 즈음인 1955년~1963년 사이에 현재 노인들의 자녀들이 태어났는데, 그들을 베이비붐 세대라 일컫는다. 2010년을 기준으로 전체 대한민국 인구의 14.7%인 7백 2십만여 명이 베이비붐 세대들이다. 이렇듯 일제히 자녀들이 태어난 것은 6·25전쟁 기간 동안 떨어져 있던 부부들이 다시 만나고 미루었던 결혼이 한꺼번에 이뤄진 결과이다. 또한 정부정책이 다산(多産)정책으로 다자녀 출산을 장려했기 때문이기도 했다.

현재 50~60세 중년들이 베이비붐 세대들인데 이들은 비교적 평온하게 자랐다고 할 수 있다. 자식들에게만큼은 절대로 가난을 물려주지 않겠다는 부모들의 희생 덕분이다. 전쟁으로 배움의 기회를 박탈당했던 현재의 노인들은 자신들의 못 배운 한을 자식들에게 풀었다. 그렇게 길러낸 자녀들이 잘 성장하여 우리나라의 산업화와 민주화를 이끈 주역이 되었다. 이제 그들 역시 어느새 노후를 준비할 나이에 이르렀다. 그들은 자녀양육과 더불어 부모를 부양해야 하는 책임을 동시에 지고 있는데 상당수가 국민연금과 퇴직연금에 의존하는 경우가 대부분이어서 국가적으로, 경제적으로 큰 문제가 야기될 것으로 우려된다.

국민연금공단에 따르면 우리나라 베이비붐 세대 758만 명 중 현재 연금 보험료를 납부하는 사람은 49.2%인 373만 명에 불과하다. 실직, 사업 중단 등으로 납부 예외상태(연금 가입자이지만 납부를 못 하고 있는 경우)에 있는 사람이 101만 명(13.4%), 전업주부 등으로 국민연금에 가입하지 않은 사람이 284만 명(37.4%)이다. 나머지 40만 명(5.3%)이 공무원·군인 연금 등 특수연금 가입자라는 점을 고려하더라도 이 세대의 54.5%만이 노후에 연금을 받을 수 있다고 한다.

따라서 베이비붐 세대 중에서 10년 이상 국민연금을 납부하여 현재 가입기간만으로도 연금을 받을 수 있는 사람은 33.8%인 256만 7,000명에 불과하다. 그러니까 현재 3명 중한 명만 연금을 받을 수 있는 자격을 갖췄다고 볼 수 있다. 연금 가입 이력이 10년 미만인 310만 명(40.9%)과 연금 가입 이력이 전혀 없는 192만 명(25.3%)은 불안한 노후가 우려되고 있다. 사실 그들은 1997년 IMF 사태 이후 정리 해고라는 이름으로 거리에 내몰린 자들로 자신들의 미래도 장담할 수 없는 상태가 되었다.

현실이 이러하다 보니 현재 노인 세대들은 자녀들에게 의지할 수 없는 상황에 부딪히고 만 것이다. 이제 노인들은 스스로 알아서 노후대책을 마련할 수밖에 없는 안타까운 실정이다.

호모 에로티쿠스

장정만

암수가 한 틀되어
짝짝이는 肉場
입질로 부푼 기둥 새를
바삐 떠다니는 암컷
시궁에 절어 가뭇해진 수컷은
함몰한 틈새를 찾는다.

모둥켜 몸버둥 치다
허공에 뻗은 두 다리
엉서리 분화구에 이글거리는 불꽃
입에 머물다 달궈진 쇠붙이가
분신의 기세로 불구멍에 빨려든다

엉덩이 들썩이며 이슬진 풀 섶 넘나들다
殉敎의 비명으로 진저리치는 수컷
꺼져 내린 계곡에서
곤죽같은 용암이 흘러내린다
입 추리 적신 씨앗물로 갈증을 달래는
암컷 암컷들

獸心으로 퇴화한 호모사피엔스
원시로 회귀하는 호모에로티쿠스
그곳에서 태어나
그곳에서 살다
그곳에서 죽는다

사치와 향락 속에 숨어있는
요망한 구멍을 본다
끝없이 깊은 바다를 본다
낭랑한 달빛에 어우러지는
별 밭 우주를 본다

제2장

사랑하고
사랑받고 싶다

—

1. 고령사회의 문제와 대책 – 심포지엄

"경제발전을 이끈 우리 어르신들, 가난과 질병에서 벗어나게 하자."

'고령사회의 문제와 대책' 심포지엄이 한국 재가노인 복지협회와 로또 공익재단, 조선일보 공동 주최로 한국 여성개발원에서 열렸다. 이날 전국에서 모인 사회복지 전문가들과 공무원, 현장 사회복지사들은 "핵가족화와 인구 고령화로 빈곤 노인이 크게 늘고 있어, 국가 복지시스템의 전면개편이 필요한 시점."이라고 진단했다. 참석자들은 이에 대한 대안으로 홀로 사는 노인과 지역사회, 지역주민을 잇는 결연의 필요성에 공감을 표하고, '홀로 사는 노인 결연사업' 발대식을 했다. (중략)

주제발표에서 김동배 교수는 "미국, 영국 등 노인 복지 서비스가 정착된 선진국과 달리 우리나라의 빈곤 노인들은 지역사회와 특별한 연결고리 없이 방치돼 있다."며 "홀로 사는 노인들과 지역 주민을 잇는 사회적 연결망 형성이 시급하다."고 말했다. 이를 위해 김 교수는 "지역 사회 주민들의 관심과 협조가 가장 중요하다."고 강조했다.

토론자로 나선 최 균 교수는 "국가가 적극적인 제도나 기반 없이 민간에게 과도한 역할을 주문하고 있는 게 문제."라며

"지역사회 센터들은 대부분 인력이 부족하고 서비스에 한계가 있어 정부가 해야 할 역할과 민간이 할 수 있는 역할을 구분해야 한다."고 지적했다. (중략)

방상훈 조선일보 사장은 축사에서 "전쟁과 가난, 고속 성장의 그늘 속에서 눈부신 경제 발전을 이끌어 온 우리의 어머니, 아버지들이 늙고 병들었다는 이유로 사회로부터 버림받고 있는 것이 현실."이라며 "이 땅의 어르신들이 가난과 질병에서 벗어나 행복한 삶을 살 수 있도록 국민 개개인의 뜻과 정성을 모아야 한다."고 말했다.[5]

생의 종결지점에 다다른 노인들의 일상은 죽음에 대한 공포로 심리적 상태가 매우 불안하다. 더군다나 전쟁에서 비롯된 트라우마와 노쇠해진 육체로 인한 정신적 장애로 이상심리를 보이는 경우가 많다. 노인들이 보이는 이상행동의 심리적 배경은 죽음을 거부하는 심리 기제에서 비롯된다고 볼 수 있다. 죽음 의식은 노인들로 하여금 우울과 분노가 극에 달하게 한다. 어떤 노인들은 이 상황을 극복하지 못한다. 일상에서 일탈하고 괴이한 행동을 한다. 죽음에 대한 거부이자 생에 대한 집착 때문이다. 끝내 이러한 노인들은 주변인들과 소통

---

5 조선일보. 2005년 3월 3일(목) A8 종합면.

이 단절되고 고립되고 만다.

　우리나라의 노인들 다수는 공황 장애와 강박 장애를 앓고 있는데, 둘 다 전쟁이 남긴 후유증이라 할 수 있다. 불현듯 엄습하는 불안과 공포를 주된 증상으로 하는 공황 장애와 부적절한 사고(불경스러운 성性적 사고)와 불안을 완화하기 위한 행동(손 씻기, 정돈하기, 숫자 세기)을 반복하는 강박 장애는 일상생활을 정상적으로 유지할 수 없게 만든다. 심장 박동이 빨라지고 식은땀을 흘리며 질식할 것처럼 어지럽고 구토가 난다. 죽을 것 같거나 미칠 것 같은 공포가 반복하여 나타난다. 공황 발작(panic attack) 증세는 한 번의 충격적인 사건(교통사고, 전쟁, 건물붕괴, 지진, 강간, 납치)을 경험한 뒤에 영원히 사라지지 않는다. 이러한 증상을 현대 이상심리학은 외상 후 스트레스장애와 급성 스트레스장애라 명명한다.[6]

　노인들이 보여주는 이상 행동은 과거의 경험에서 발생한 심리적 외상이 드러나는 것이며 과거의 충격이 이상 심리를 보이는 것이라 볼 수 있다. 따라서 그들이 보여주는 이상 행동은 외상에 대한 저항이다.

6　권석만 저. 현대 이상심리학. 2008년 8월 서울 학지사. p. 122.

2. 노인은 필연적으로 고독하다?

파란만장한 시대를 질풍노도와 같이 살아온 노인 세대들은 이제 급변하는 사회 속에서 모든 것을 상실한 채 석양을 바라보며 고독을 견딘다. 자식들에게 외면받고 국가 역시 개개인의 고독까지 챙겨줄 힘이 없다. 그런 딱한 처지에 놓이고서도 노인들은 달리 할 말이 없다. 마지막으로 부모를 모셨으나 자식에겐 무시당하는 세대. 그렇다고 자식을 끄짖고 흉을 보는 성정 또한 없다.

그들에게 살아온 날들은 꿈만 같다. 고통과 소소한 즐거움이 교차하는 삶을 살아왔겠지만, 즐거웠던 추억은 그리 많지 않다. 삶 전체가 고통스러웠다는 기억만이 남는다. 곧 들이닥칠 죽음의 언저리에서 의지할 데는 혈육뿐인데, 믿어왔던 자식은 나 몰라라 한다. 그들에게 남은 건 배신감과 허무다. 가슴이 저리다. 고독만이 남아있는 삶은 아프도록 처연하다. 그들은 만감이 교차하는 시선으로 석양을 바라본다. 눈이 젖어든다.

꽃다운 젊은 날들 돌아보면 굽이굽이
눈물겨운 가시밭길 길고도 험난했던
고난의 세월을 당신은 어떻게 살아 왔는지요?

지금은 무심한 세월의 파도에 떠밀려 육신은
이미 여기저기 성한 데 하나 없고
아까운 지인들 하나 둘 불귀의 객으로
사라지고 있는 이때

자꾸만 혼미해가는 황혼길이지만
그래도 힘든 세월 잘 견디며,
자식들에게 부모 의무 다하고
무거운 발걸음 이끌고 여기까지 왔으니
이제는 얽매인 삶 내려놓고 잃어버렸던 인생
다시 찾아 후회 없이 살다 갑시다.

인생 칠십이면 이성의 벽 허물어지고
가는 시간 순서 다 없으니
남녀 구분 말고 좋은 친구 만나
산이 부르면 산으로 바다가 손짓하면 바다로
달려가 남은 인생 즐기다 가요.

어느 날 갑자기 훌쩍 떠날 적에

돈도 명예도 사랑도 미움도 가져 갈 것

없으니 쥐꼬리만큼 돈 남았다면

자신 위해 아낌없이 다 쓰고

사랑으로 시린 가슴 남았다면

미련 다 떨쳐버리고

"당신 있어 나는 행복합니다!"라고

말할 수 있는 친구와 함께

후회 없이 즐기다 갑시다.[7]

　늙음이란 필연적으로 고독을 수반하는 것일까? 어느 나라의 사람이든 늙음에서 오는 고통은 있지만 유독 우리나라 노인들의 고독은 심각한 수준이다. 이웃 나라 일본의 노인들도 고독의 고통을 뼈저리게 겪고 있고 복지 천국이라고 하는 북유럽의 노인들도 고독의 고통이 생애에서 가장 힘들다고 토로한다. 자연스럽게 늙는 경우도 그러한데, 우리나라의 그 신산(辛酸)한 역사를 온몸으로 겪은 노인들은 어쩌겠는가!

　물론 같은 시대를 살아온 노인들이라도 성장 환경이나 겪은 외상의 상처가 다를 수 있고 개인의 성격에 따라 개인이 받는 영향에 차이가 있을 수 있다. 하지만 상당수의 노인에게서 외

7　좋은 글. (인터넷)

상의 상처가 공통으로 나타난다. 전쟁이 사회구성원들의 삶에서 다른 어떤 사건보다도 커다란 영향을 끼쳤기 때문이다.[8]

3. 잘못 걸려온 전화가 반가운 노인

자연스럽게 늙어가는 경우라도 늙음 자체를 긍정적이고 유쾌하게 받아들이는 사람은 극히 드물다. 특히 자신들의 의지와 상관없이 시대적 상황에 휩쓸려 불운에 맞서 싸워야 했던 현재의 노인들은 할 말이 많다. 자신들의 안위를 돌볼 겨를도 없이 바쁜 일상에 쫓기다 보니 어느새 늙어버렸다. 억울하다. 우울하다.

우울증은 점점 쇠락해가는 육체와 시시각각 죽음을 상기하는 불안 의식으로 지기 스스로 감금의 과정을 거친다. 이럴수록 노인들은 현실감이 떨어지고 피해망상에 사로잡혀 정서적으로 혼란한 상태에 놓이게 된다.

사회적으로 유리되고 소극적 성격으로 변한 노인들은 대인관계에서 주변인들과의 소통 부재로 심한 외로움을 느끼며 누군가에게 의지할 수 있기를 바란다. 그러나 어디에도 의지할 대상은 없다. 이에 절망을 느낀 노인들은 과거에 대한 미

---

8 박명림 저 한국전쟁의 발발과 기원(1). 2003년 1월. 서울 나남. pp. 10~11

련과 후회와 절망을 끌어안고 슬픔에 잠긴다. 그리고 끝내 욕구 불만, 타인에 대한 원망, 자기혐오 속에서 우울하고 불행한 나날들과의 단절을 시도한다.

통계청 자료로는 2013년 우리나라 65세 이상의 고령 인구는 6,137,702명이다. 이중 약 1,250,000명이 독거노인이다.

2012년 전국의 자살자는 1만 4,160명이며 그중 65세 이상 노인 자살자는 4,023명(남자 2,545명, 여자 1,475명)으로서 하루 평균 11명 이상의 노인이 자살하고 그중 무연고자가 810명이다.

고독사는 인간의 근원적인 외로움과 소통의 부재를 극복하지 못하고 생을 마감하는 경우다. 노인들의 자살률 증가가 사회적 문제로 대두하고 있는 즈음에 달동네 단칸방에서 3년째 암 투병 중이던 60대 독거노인이 숨진 채 발견되었다.

서울 종로구 창신 2동의 단칸방에서 송 모 씨(61세)가 숨져 있는 것을 이웃에 사는 이 모 씨(35세)가 발견해 경찰에 신고했다. 이 씨는 "며칠 동안 송 노인 집에 불이 켜져 있는데 인기척이 전혀 없어 문을 열고 들어가 보니 침대 옆에서 엎드린 채 숨져 있었다."고 말했다. 송 씨는 10년 전 아내와 헤어진 뒤 혼자 살았으며 2003년부터는 림프샘 암을 앓아왔던 것으로 드러났다.

경찰은 송 씨가 발견되기 3, 4일 전에 지병으로 숨진 것으로 보고 있다. 집 부근에서 구두장사를 하다 폐업한 송 씨는 수년 전부터 친구들에게 의지해 근근이 생활을 유지해 왔다. 1년여 전부터는 친구들의 도움마저도 끊겨 생활이 더욱 힘들어진 송 씨는 이웃의 도움으로 기초생활 수급대상자가 되어 한 달에 30만 원가량으로 생계를 이어왔다.

어려운 형편 탓에 수술비가 없었던 송 씨는 '회생 불가능'이라는 진단을 받고 2평 남짓한 단칸방에서 두문불출했던 것으로 알려졌다. 송 씨에게 찾아오는 가족이나 친인척이 없었고 송 씨 자신도 가족에 관해 이야기를 하지 않아 주변 사람들도 송 씨의 내력을 잘 알지 못했다.[9]

필자는 단언한다. 송 씨는 가난해서, 암 때문에 죽은 것이 아니다. 외로워서 죽은 것이다.

광주의 유 모 노인은 외로워서 개통한 스마트폰에게 마저 외면당한 채로 세상을 떴다. 4일과 6일 전남 나주의 한 폐기물처리장에서 발견된 시신 일부의 지문감식 결과 숨진 사람은 최근 철거된 광주 서구의 주택에 세 들어 살던 유 모 씨(67세)로 밝혀졌다. 경찰은 가족 없이 홀로 살며 고엽제 후유증 등을 앓아온 유 씨가 6월 초순 고독사한 것으로 보고 있다.

---

9 동아일보, 2005년 12월 6일(화) A14 사회면

전남 나주경찰서는 유 씨의 구체적인 사인을 밝히기 위해 통화 기록, 계좌 확인 등 광범위한 수사를 벌였다. 유 씨는 올 4월 21일 광주 서구의 한 휴대전화 대리점에서 스마트폰과 폴더폰을 한 대씩 개통했다. 그러나 숨지기 직전까지 40여 일간 두 번 휴대전화를 받았다. 그러나 전화를 걸었던 A 씨는 "잘못 건 전화여서 바로 끊었다."고 밝혔다. 그는 1년간 총 19통의 전화가 걸려왔지만 모두 광고성 전화이거나 잘못 걸려온 전화였다. 통화 시간은 모두 30초 이내였다. 베트남 전 용사인 유 씨는 고엽제 후유증을 앓고 있었다. 5월 29일 보훈병원에서 마지막으로 진료를 받았다. 그는 국가 보훈처가 매달 지급하는 보상금 131만 8,000원으로 생활했다. 그러나 6월부터 돈을 찾지 않았고 통장에는 자동이체 되는 통신비 등을 제외한 589만 원이 남아 있었다. 경찰은 미혼인 유씨가 2008년부터 재개발로 철거 예정이었던 낡은 주택에서 홀로 살았던 것으로 보고 있다. 집은 보증금 130만 원에 월세 5만 원이었다. 그는 형과 누나 등 친척을 20년간 만나지 않았고 3년 전부터는 통화조차 하지 않았다. 유 씨는 고독사한 뒤 4개월 후 철거작업이 진행되면서 시신이 일부 훼손돈 채 발견되었다. 경찰관계자는 "유 씨가 전화 걸 사람도, 전화할 지인도 없었던 것 같다."며 집 전화가 있는데도 휴대전호를 2대나 개통한 건 누군가와 대화를 나누고 싶어서인 것 같다고 말했다.

고독사는 계속 증가하고 있다. 심지어 백골 상태로 발견되기까지 한다.

경기개발연구원은 지방자치단체 등이 화장한 '무연고 사망자' 수는 2010년 647명, 2011년 737명, 2012년 810명이라고 밝혔다.[10]

2013년을 기준으로 우리나라 65세 이상의 고령 인구는 6백 3십만 명을 넘어섰다. 이들 대부분은 외롭다. 이들 대부분은 경제활동을 할 여건이 되지 않는다. 이들 중 대부분은 누군가 말을 걸어주길 원한다. 그리고 이들 모두는 지나간 시간에 대한 회한이 켜켜이 쌓여 있다. 그리고 이들이 잠재적 무연고 사망자들이다.

4. 자살률 1위와 이혼

계속해서 자살하는 인구가 늘어나고 있다는데 심각성을 느낀 세계보건기구와 국제자살예방협회는 2003년 세계자살예방의 날을 제정했다.

우리나라는 2003년 OECD 국가 중 자살률이 4위였으나

---

10 동아일보. 2013년 11월 11일(월). A14사회면.

2004년에 1위라는 위험한 명예(?)를 차지한 뒤 2014년 현재, 10년째 1위 자리를 내놓지 않고 있다.

우리나라가 자살공화국이 된 이유는 외환위기와 그 여파 때문이다. 외환위기 당시 회사에서 거리로 내몰린 40, 50대들이 노인에 접어들기 시작했다. 그들은 가장 가난하고(OECD 노인 빈곤율 1위), 자살도 가장 많이 한다. 우리나라의 자살률이 1위를 차지하는 것은 노인 자살률 때문이다. 하루 40여 명의 자살자 가운데 노인들의 자살이 25% 이상을 차지하고 있다. 참담한 현실이다. 노인세대가 잘못하여 젊은 세대가 살기 힘들다고 망언을 하는 젊은이도 있다. 과연 노인세대가 잘못했으면 얼마나 잘못했길래 오늘날 우리나라가 세계 10위권의 경제 대국이 되었는가?

우리나라 노인의 자살인구가 급증하는 이유는 급속한 저출산 고령화와 일자리 부족 때문이다. 그리고 자식들이 부모를 모시려고 하지 않는다. 부모들은 자식들에게 부담을 주고 싶지 않다. 그들은 부모를 극진히 모신 마지막 세대였고 자식 또한 극진히 키운 첫 세대다.

정치인 대부분은 선거 때가 되면 노인복지 문제를 거론한다. 한국 사회에서 노인의 복지정책 문제가 그만큼 심각하기 때문이다.

연세대 의대 정신과 이홍식 교수는 "자살 관련 상담을 해보면 노인들은 가족이 해체됨에 따라 부양받지 못하는 것에 대한 절망감이 가장 크다."며 "노인복지 문제에 정부가 더 신경을 써야 한다."고 말했다.[11]

그 결실의 하나로 2014년 7월에 65세 이상의 노인들에게 매달 얼마간의 생활비를 주는 기초연금법이 통과되었다. 과연 이 정책이 노인 자살률을 얼마나 감소시킬지는 두고 볼 일이다.

외톨이로 살면 더 빨리 죽는다. 미국의 브리검영대학 연구팀은 인간 수명에 관한 148건의 연구보고서를 토대로 인간의 사회활동과 수명의 관계를 7년 반 동안 연구한 결과를 '플로스(Plos) 메디슨'지(誌)에 발표했다.

연구팀은 사회적으로 외톨이 생활을 하는 사람이 안고 있는 건강 위협 정도가 하루에 담배 5개비를 흡연하는 것과 비슷하다고 밝혔다. 또 외톨이 생활을 하면 알코올 중독자와 비슷하게 건강을 위협받게 되며, 전혀 운동하지 않는 것과 비슷한 악영향이 수명에 미치게 된다고 강조했다. 외톨이 생활은 비만보다 2배가량 수명을 단축하는 요인이 된다.

이 연구팀은 가족과 친구가 있어야 인생의 보람을 느낄 수 있으며, 이것이 인간의 수명을 연장하는 요인으로 작용한다고 밝혔다. 또 인간이 어떤 그룹에 속해야 다른 사람에 대한

11　동아일보. 2006년 9월 19일. A10면. 한국인의 삶 얼마나 고달프기에…

책임감을 느끼게 되며, 같은 목표의식이 있어야 자기 자신을 좀 더 열심히 관리하게 된다고 강조했다. 인간은 삶의 목적이 있어야 위험을 피하는 노력을 하게 된다는 것이다.[12]

우리나라는 황혼이혼이 급증하는 추세이다. 황혼 이혼의 비중은 2008년 23.1%, 2009년 22.8%, 2010년 23.8%, 2011년 24.8%, 2012년 26.4% 등으로 꾸준히 늘고 있다. 황혼이혼은 결혼한 지 4년이 안 된 부부의 이혼율 25%를 제쳤다.

통계청은 "나이가 든 분들도 예전처럼 '참고 살기'보다 적극적으로 새로운 행복을 추구하는 경향이 뚜렷해졌다."고 풀이했다.

노부부가 젊고 멋있게 살려면 경제력이 뒷받침돼야 한다. 그래야 여행도 많이 다니고 고급식당에 가서 맛있는 것도 사 먹고 멋있는 고급 옷도 사 입고 젊은 부부들처럼 서로 좋아하는 선물도 교환하고…. 그러나 그것은 노인들이 갖는 환상이다. 현실적으로는 그런 삶이 쉽지 않다. 통계상으로 70세 이상의 고령자 중에 완전하게 자력으로 노년을 살아갈 수 있는 노후대책이 서 있는 사람은 10%도 안 된다는 것이다.

그렇다면 90% 이상이 자녀들이나 이런저런 도움을 받아가며 살아야 하고 국가의 도움 없이는 도저히 살 수 없는 사람

---

12 동아일보 2006년 9월 19일 A10면 한국인의 삶 얼마나 고달프기에…

들이다. 또 10% 내의 고령자들이 자력으로 살아간다고 해서 고급 식당을 다니고 크루즈 여객선을 타며 여유로운 노년을 살 수 있는 사람이 몇이나 되겠는가? 극소수다. 이것은 비단 우리나라만의 국한된 실정은 아니다. 복지 천국이라고 부러워했던 유럽의 각국도 경제 위기로 몸살을 앓고 있다. 이 지구 상에서 하루에 굶어 죽는 사람이 10만 명이 넘는다는 사실은 생각하면 지금까지 이만큼이라도 내가 살아온 것이 기적이라는 생각이 든다.

그렇다고 너무 기죽을 필요는 없다. 산 입에 거미줄 치겠는가? 낙관적으로 살자. 각자 주어진 개인 운명에 만족하고 욕심을 버리면 된다.

그렇다면 노년의 부부가 어떻게 하면 좀 더 멋있고 행복하게 살 수 있을까? 방법을 찾으면 얼마든지 있다. 중요한 건 갈등 해소다. 먼저 부부 서로가 상대를 존중해주는 자세가 중요하다. 서로 얕보고 무시하면 결국은 그것이 부메랑이 되어 자기에게 되돌아온다는 사실을 기억해야 한다.

그런데 우리는 부부 사이에서 얼마나 이기적으로 살아왔는가? 가장 존중하고 배려해야 할 부부가 가장 가깝다는 이유로 무시하고 함부로 대하는 경우가 허다하다. 부부도 서로에게 잘 해줘야 좋아한다. 그리고 항상 조심스럽게 대해야 한다. 행복할 때는 행복을 느끼지 못하듯이 부부간에도 잘해줄 때는 감사할 줄 모르다가 어느 때 자기 마음에 거슬리는 일이 있으면 그것만 가지고 침소봉대하여 시비가 벌어지고 살기를 띠고 전쟁이 벌어지곤 한다. 부부는 천년객(千年客)이라고 했다. 영원한 남이라는 의미다. 일심동체(一心同體)라는 말은 화목했을 때의 말이다. 피 다르고 성이 다르고 자라온 환경이 다른 사람끼리 만나서 가정을 꾸리고 살아가는데 어찌 일생을 통해 하루같이 화목하기만 하겠는가? 일본말에 산에는 산 나름대로 근심과 걱정이 있고, 바다에는 바다 나름의 슬픔과 비애가 있다고 했다. 항차 인간이 일생을 살아가는 데 있어서랴. 그래서 자고로 가화만사성(家和萬事成)이요, 소문만복래(笑門萬福來)라고 그렇게 강조하지만 그리 쉽지 않다. 인간은 이기적이기 때문이다. 그것이 평생을 살아온 노부부라고 다를 바 없다. 언제든 돌아서면 남이다. 그래서 항상 손님을 대하듯이 조심하며 살아가야 하는 것이 부부다. 부부 심리 치료학이 생긴 이유다. 우리 주변에는 멍청 씨 부부가 너무 많다.

남녀는 이성지합(異性之合)하여 가정을 이루고 종족 번식하며 살아온 것이 인류역사다. 이것은 아마 가까운 미래에도 바뀌지 않을 것이다. 가정이라는 제도가 가진 행복을 포기하는 일은 쉽지 않다.

그렇다면 문제 해결은 가정을 포기하지 않고 행복하게 사는 것이리라. 그러기 위한 방법을 심사숙고할 일이다.

가정에서 가장 중요한 것은 부부간의 대화다. 그런데 그 대화가 얼마나 중요한지 잘 모르고 산다. 말에는 언령(言靈)이 있다고 한다. 말에도 영혼이 있다? 그렇다. 아무 생각 없이 내뱉은 말 한마디가 사람을 죽일 수도 살릴 수도 있다. 인간의 모든 일은 말로 시작되고 말로 끝난다.

말의 중요성에 대해 강조하는 말은 수없이 많다. 재앙은 입으로부터 나오니 말을 조심하라고 해서 「구시화지문(口是禍之門)」이요, 혀는 사람을 베는 칼이라고 하여 「설시참신도(舌是斬身刀)」라고 했다.

고령 세대 부부 중에도 해서 안 될 말을 많이 하는 부부들이 있다. 남편이 잘 쓰는 말 중에 평생을 뼈 빠지게 처자식을 벌어 먹였다는 말, 아내가 자주 쓰는 말 중에 나 아니면 당신이 어떻게 지금 존재하느냐? 하는 말이다. 이것은 상대의 자존심을 가장 상하게 하는 치졸한 말이다. 부부는 어떤 거래를 하며 살아온 게 아니다.

지금까지 인류의 역사가 그랬듯이 남녀가 만나 가정을 꾸리고 서로 도와 자식 낳고사는 자연의 섭리다. 그것은 상대를 위해 희생해 온 것이 아니다. 각자 자기가 살기 위해 협력해 온 것이다. 그것을 마치 상대를 위해 일생을 바친 것처럼 생각하고 있다면 한참 잘못된 착각이다.

施人慎勿念 시인신물념,
남남 간에도 도와준 것은 즉시 잊어버리고
受施慎勿忘 수시신물망,
남에게 신세를 진 것은 절대로 잊어버리지 마라.

부부 간에도 마찬가지다.
또 부부가 시비를 걸 때 항상 상대의 단점을 꼬집어 트집을 잡는
경우가 많다. 가장 상처를 크게 받는 말을 골라서.

無道人之短 무도인지단, 상대의 단점을 지적하지 말고
無說己之長 무설기지장, 자기의 장점을 주장하지 마라.

  젊을 때는 잠자리가 뜨거워 웬만한 것은 쉽게 잊힐 수 있었
으나 노인이 되면 모두가 시들해져서 재미가 없다 보니 노여
움과 분노만 쌓여 조금만 거슬려도 상처를 받기 쉽다. 그래서
항상 배려해주고 보듬어야 한다.
  부부가 이혼소송을 청구할 때 소장에 당사자들은 상대를
거의 원수처럼 써서 낸다고 한다. 수십 년씩을 살다 헤어지는
데 차마 입으로 옮길 수 없는 내용으로 써낸다고 한다. 물론,

고맙고 감사했던 것은 거기에 쓸 리가 없다. 왜 그럴까?

인간은 이성(理性)보다는 감정이 우위에 있다. 이성적으로는 도저히 이해가 안 되는 것을 가지고 이혼소송을 한다는 것이다. 분개한 감정으로 일을 처리하다 보면 그럴 수밖에 없다.

그래서 법원에서는 그런 개인감정으로 채워 진 이혼 소장을 객관적으로 판단할 수 있는 문항을 만들어 당사자들이 문항을 선택하여 체크하면 그 소장을 보고 판단할 수 있도록 2014년 9월부터 서울지법에서 시범적으로 시행한다고 한다. 효과가 있으면 전국 법원으로 확대 실시할 것이다.

연구결과에 의하면 흘러가는 물이든, 고여 있는 물이든, 살아있는 모든 생물은 물론, 심지어 해놓은 밥도 사람의 말을 알아듣고 반응한다고 한다.

말 한마디에 천 냥 빚을 갚는 다는 말도 있지만 세 치 혀로 사람을 죽일 수도 있다. 그런데 우리는 부부 사이에 너무 말을 함부로 한다. 특히 노인이 되면 너그러워야 할 테지만 그 반대다. 조그마한 일에도 잘 노하고 풀어지지 않는다. 그래서 평생을 살아온 부부가 하루 앞을 생각 못 하고 이혼하는 경우도 있다. 여기에는 지식의 유무도 큰 영향을 주지 않는다. 명심명심 해서 노부부들이 주의해야 하는 것이 일상의 언어사용이다. 좋은 말만이 아니고 어감도 다정해야 한다. 외견상으로는 그렇게 금슬이 좋아 보이고 온화하여 남들로부터 존경을 받고 있는 노부부 중에도 속내를 들여다보면 찬바람이 쌩쌩 부는 부부들이 있다. 부부는 부부만이 안다.

물론 평생을 참고 산 부부라 해서 이혼하지 말라고 말할 수는 없다. 그렇다고 이를 응원할 수도 없다. 황혼이혼은 이혼 후의 일에 대해 깊이 생각해야 한다. 고독사, 생명에 막대한 지장을 초래하는 이혼이 아닌가. 우리나라 노인들의 이혼문제는 이제 온 국민이 고민해야 할 사회문제다.

황혼이혼은 아무나 하는 것이 아니다. 복지 천국이라고 하는 북유럽 사람들도 사별이든 이혼이든 노년에 홀로되면 고독 때문에 자살을 한다. 고통스럽게 하루하루를 보낸다.

아무리 앙숙이라도 노부부가 같이 살아 있으면 서로 보호자 역할을 해주고 무엇이든 돕는 쪽으로 노력할 기회가 있다. 그러나 혼자가 되고 나면 그런 기회마저 바랄 수 없다. 뼈저린 고독으로 고독사하는 경우를 상상하면서 북망산을 저 앞에 두고 이제는 서로를 존중하고 위해 줘야 할 때이다. 바로 내가 살기 위해서다. 후회는 아무리 빨라도 늦다고 했다. 남녀의 다른 점이 2,000가지가 넘는다는 점을 염두에 두고 후회할 일을 만들지 말아야 할 것이다.

5. 우리 시대의 부부

어느 부부의 얘기를 하나 소개하겠다. 오래된 얘기지만 지금도 우리 주변에서 흔히 일어날 수 있는 일이다.

30~40년쯤 전의 얘기이다. 그때는 전화를 교환수들이 중개해줬다. 수화기를 들고 있으면 교환수가 나오고 "몇 번 대줄까요?" 하고 묻는다. 번호를 불러주면 교환수가 연결해줘서 그제야 전화 통화를 할 수 있었다.

미모의 교환수가 있었다. 당시로서는 큰 키에 속하는 1m 63cm의 키에 살결이 백옥같이 희고 눈이 서구의 여성들처럼 시원스럽게 컸다.

남자라면 누구라도 한 번쯤 욕심을 품었을 외모다. 결국, 그녀를 차지한 것은 어느 헌병 장교였다. 지금도 그렇지만 그당시는 군 장교들의 체격이 대체로 건장했다. 특히 특수병과인 헌병 장교들은 훨씬 훤칠했다. 소극적인 성격의 그녀를 헌병 장교는 반강제적으로 낚아채다시피 하여 결혼을 했다. 그녀는 시골 출신이었고 학력은 국졸이었다.

불과 몇 년 사이에 장독 같은 아들 셋을 낳았다. 젊어서 이것저것 생각 없이 부부 잠자리가 잘 될 때다. 남자는 나이 40이 넘고 초급장교에서 고급장교가 되었다. 남자는 성공을 위해 계속 공부를 했고 여자는 집에서 아이들 키우며 살림에만 전념하는 전업주부였다.

문제는 그녀의 성격이다. 그녀는 외모와는 달리 성격이 몹시 사나웠다. 한번 성질이 나면 체면이 뭔지도 모르고 고성으로 소리소리 지르며 길길이 날뛴다. 배운 게 별로 없으니 해서 되는 건지 안 되는 건지 분간을 할 줄 모르는 사갈(蛇蝎) 같은 여자였다.

남자는 환멸을 느꼈다. 밤에 잠자리가 잘 될 리가 없다. 발기가 안 되는 것이다. 소위 말하는 심인성(心因性) 발기 부전이다. 분위기는 여자에게만 중요한 게 아니다. 남자도 분위기가 중요하다. 남자도 한번 노여움을 타면 도구가 말을 안 듣는다. 속된말로 여자는 열려 있으니까 쳐들어가면 되지만 남자는 뚫고 들어가야 하는데 서질 않는데 어떻게 뚫고 들어갈 수가 있는가?

그런데 그녀는 미모에 걸맞게 욕정이 강했다. 불만이 쌓이기 시작했다. 40대 후반이 된 그녀는 남편의 사회적 성공에 맞춰 생활도 안정되고 아이들도 모두 착실히 공부해 남부러울 것이 없었다. 딱 한 가지만 빼고……. 당시는 놀라운 경제성장의 시기였다. 공직자의 부인들이 그동안 고생한 보람을 느낄 만큼 풍요를 누릴 수 있었다. 그녀는 초등학교 동창 모임, 장교 부인모임 등의 친목 모임에 열심히 참석했다. 여자들이 모인 자리에선 남편자랑과 험담이 주된 화제였다.

한 친구가 말했다.

"우리 그이는 밤일 할 때마다 끝내줘. 내가 영 정신을 못 차리게 만들어 한 번 할 때면 천국엘 몇 번씩 갔다 오는지 몰라!"

또 다른 친구도 질세라 맞장구를 쳤다. 그런가 하면 다른 친구는 연애한다고 자랑을 늘어놓았다. 그녀는 자기만 불행한 것 같은 생각이 들었다.

연애한다는 친구와 의도적으로 대화를 나눴다. 소개를 해주겠다고 했다. 망설였지만 다 그렇듯이 한번 마음먹고 나서면 그리 어려운 것도 아니다. 남편과는 멀어진 지 오래고……, 인생은 자꾸 늙어가고 그 고운 몸이 그렇게 늙어가고 싶지는 않았다. 소개받은 남자는 50세라고 했다. 남편과 같은 또래다. 남편보다 외모가 나은 것은 아니었다. 그러나 이성지합이 외모로 판단할 수 있는 일이던가? 소개받은 남자는 자신의 남성을 과시했다. 2L짜리 주전자에 물을 넣고 페니스에 걸었는데 끄떡없었다. 그녀는 감탄했다. 다른 것은 안 보였다. 새 파트너는 전문가답게 그녀를 녹이고 또 녹였다. 파트너를 바꾸면 잘된다는 것은 상식적으로 다 아는 사실이다. 쿨리지 효과라고 한다. 어느덧 꿀처럼 달콤하고 꿈처럼 황홀한 5년의 세월이 순식간에 흘러갔다.

그 사이 자식들은 다 대학을 나와 사회에 진출하여 성공 길에 접어들고 있었다. 남편도 계속 성공하고 있었다.

그런데 그만 자식들이 어머니의 부정을 눈치채고 말았다. 그리고 그녀는 어느 날 조용히 집을 떠나고 말았다.

성의 쾌감이 10이라고 한다면 9는 여성, 남성은 1이다.

기원 전 3세기에는 구약성서가 버자이너의 탐욕을 인정하고 다음과 같이 경고하고 있다. 「결코 채워지지 않는 것이 3가지가 있다……지옥, 버자이너의 입, 대지이다」[13]

부부 간에도 지식의 격차가 너무 크면 가정을 꾸려나가는데 불행하다. 지금의 70대 이상은 부부간이라도 학력의 격차가 심한 경우가 많다. 1960년대 후반부터 경제개발이 본격화되면서 남자들 사회에서는 경쟁이 치열해졌다. 남자들은 공부를 안 하면 경쟁에서 도태될 수밖에 없었다. 낮에는 출근해서 근무하고 밤이면 야간 대학에 가서 공부하는 주경야독(晝耕夜讀)으로 정신없이 살았다. 반면에 그 당시 주부들은 가정에서 자식들 기르고 가사를 전담하는 전업주부들이 절대다수였다. 그래서 경제적으로는 안정되고 남부러울 것 없었지만 부부 간에 학력의 격차에서 오는 갈등은 쉽게 넘을 수 있는

---

13 Catherine Blackledge?藤田眞利子譯. ヴァギナ(女性性器の文化史),2006年. 日本東京. 河出書房新社,.p388～389.

산이 아니었다. 그래도 대부분의 그 세대 여성들은 여필종부
(女必從夫)의 사상이 강해 남편과의 갈등을 속으로 삭이며 살
았다.

그러나 이제 여필종부를 입에 담는 여인들은 거의 없다.

"그래 내가 못 배웠어도 이 집안이 누구 때문에 이렇게 된
건데 날 무시해? 어디 맞짱 한번 떠보자고!"

이런 경우 늦었더라도 교육을 받는 것이 좋다. 교육을 받으
면 안 받는 것 보다는 나아질 수 있다. 사람은 나이와 관계없
이 자기를 변화시킬 수 있는 무한의 능력을 갖추고 있다. 대
개 그렇게 늙은 사람들은 머리는 비어 있으면서도 고집이 세
다. 자기중심적이고 조언을 해주면 '너나 잘해!'하는 식이다.

노년을 그렇게 막사는 것 보다는 자기의 숨어 있던 재능을
찾아내고 자기계발을 하면서 향기롭고 품위 있게 살 수 있어
훨씬 행복하다.

요즘은 이혼 소송에 따른 재산 분할이 여성을 보호하는 쪽
으로 치우쳐 판결 나고 있다고 한탄하는 사람들이 있다. 과거
의 세대가 남자 중심 가부장의 권위적이었기 때문에 약자를
보호하는 쪽으로 기울다 보니 상대적으로 남자들에게 불공평
하다는 하소연이다. 즉, 지금의 남자들이 보복을 당하고 있다
는 것이다.

남자들, 재산 몇 푼 있다고 앞뒤 생각하지 않고 경거망동하게 살다가는 큰코다친다. 몇 푼 안 되는 재산, 분할해서 이혼해 봤자 자기만 손해다. 물론 이혼한 여자도 마찬가지다. 둘 다 불행해진다. 웬만하면 서로 배려하는 법을 배우고 함께 공부하며 같이 늙어가는 것이 건강하게 장수하는 비결이다.

6. 종묘공원을 찾는 노인들

"3년 전 부인과 사별하고 80이 넘으니 친구들도 거의 세상을 떠나 만날 사람이 없어. 며칠에 한 번은 쓸쓸해서 시내로 나오는 거지."

지난해 노인의 날을 이틀 앞둔 9월 30일 오후, 서울 종묘를 가득 메운 노인들을 바라보며 강 모(82) 할아버지가 한 말이다.

"이제 대포 한잔 마시러 갈 거야. 집에 돌아가는 것보단 낫거든."

강 할아버지는 애써 웃어 보였다. 홀로 사는 노인뿐만 아니라 가족이 함께 사는 이도 눈치와 괄시를 피해 공원을 찾는게 요즘 노인들의 현실이다.

"집에 있으면 며느리가 늙은이 냄새난다고 눈치를 주고 손자들도 가까이 오지 못하게 막아. 허 참."

볕 바라기를 하며 신문을 읽던 김 모(86) 할아버지는 밖에서 보내는 시간이 오히려 마음이 편하다고 말했다.

"집에 가족이 있어도 외로워. 여기 오면 여자 친구도 만나니까 더 재미있지."

국가 유공자 배지를 달고 있던 임 모(78) 할아버지는 웃었다.[14]

겨울을 재촉하는 늦가을 종묘공원에 그들이 모여든다. 스산한 날씨에 추적추적 비까지 내린다. 낙엽이 나뒹군다. 어둠의 계절인 현동(玄冬)이다. 문자 그대로 노인들에게는 검은 겨울이 오고 있다. 지친 몸속으로 추위가 들어찬다. 뼈가 시리다. 끈적거리는 눈에 눈물이 흐른다. 내년의 따뜻한 봄볕을 다시 쬘 수 있을까? 기약할 수 없다. 그런데 항상 보이던 월남 용사 김 노인이 보이지 않는다. 누군가에게 물어보기가 겁난다. 며칠 전 그는 기침을 심하게 하고 있었다.

날로 심각해지고 있는 노인들의 고독 문제가 사회적으로 대두하자, 정부는 노인의 날을 제정했다.

경로효친 의식을 높이고 노인 문제에 대한 국민의 관심을 일깨우는 것과 함께 국가 대책 마련을 촉진할 목적으로 제정

---

14 세계일보. 2010년. 7월 26일자 신문 참조.

한 법정기념일이다. 급격한 산업사회의 변화와 의료기술의 발전은 고령화와 사회구조 및 가치관의 변화에 따른 노인 문제를 일으켰다. 전통적으로 간직해온 경로효친 사상이 절실해진 상황이다. 이러한 문제의식을 느끼고 제정한 노인헌장에는 전통윤리 측면 외에 늙어서도 인간답게 살아야 하며, 그러기 위해서는 본인의 노력과 더불어 사회와 국가의 뒷받침이 있어야 한다는 반강제조항이 삽입되어 있다.

정부는 노인의 날(10월 2일)에 즈음하여 노인 복지사업 발전에 이바지한 모범 노인과 단체 그리고 노인 복지 기여자들을 찾아 포상하고 각종 행사를 마련함으로서 노인에 대한 사회 관심과 공경의식을 높이고 있다. 이러한 노인을 공경하는 미풍양속은 우리 한민족의 정체성이며 세계적으로도 자랑거리인 경로효친의 덕을 실천하는 데 소홀함이 없어야겠다는 일종의 사회 협약[15]이다.

우리나라뿐만 아니라 세계적인 행사로 노인의 날을 기념하고 있다. 1948년 제3차 유엔총회는 노인권리선언문을 채택한 뒤 1990년 오스트리아 빈에서 열린 제45차 유엔총회에서 10월 1일을 국제 노인의 날로 제정했다. 그리고 1991년 10월 1일 세계 유엔사무소에서 제1회 국제 노인의 날 행사를 열었

---

15 한국노년소비자보호연합, 노인의 날, 참조.

다. 1999년 유엔에서는 이 해를 세계 노인의 해로 선포하였으며, 2002년 스페인 마드리드에서는 제2차 세계노인총회를 열어 각 나라 정부와 민간단체들의 공동 노력을 요구했다.

그런데 이런 세계적 노력, 국가적 노력은 내가 일상적으로 만나온 대부분 고령자들과는 상관이 없는 걸까?

우리나라 노인들은 '노인의 날'에도 종묘를 찾는다. 노인의 날에 관해서 묻자 그들 대다수가 시큰둥한 반응을 보였다. 대부분은 노인의 날이 있는지조차 몰랐다. 나 모(72) 할머니는 "내가 15년째 종로에 다니고 있는데 누가 떡이라도 해서 온 적 없고 그런 기념일이 있는지도 몰랐다며 그날이 빨간 날인 거는 맞느냐?"고 되물었다. 기념일도 챙겨 받지 못하는 노인들은 갈 곳이 여기밖에 없는 듯했다. 그나마 이 공원이 마지막 남은 노인들의 '사교 공간'인 것 같다.

2007년 탑골공원이 사적지로 지정되고 정부와 경찰의 단속·관리가 심해지면서 노인 대다수가 종묘로 자리를 옮겼다. 공원 관계자에 의하면 "탑골공원이 사적지로 지정되고 나서 종묘를 찾는 노인이 하루 3~4천 명 정도로 늘었다."고 한다. 겨울에도 몹시 추운 날이 아니면 꾸준히 나온다는 것이다. 종묘의 풍경은 늘 비슷한데, 공원 한쪽은 장기와 바둑을 두는 노인들로 북적거리고, 다른 한쪽은 역사 · 정치 강연회로 성황을 이루는가 하면 월남 이상재 선생 동상 아래는 어르신 한 분이 서예 솜씨를 뽐내고 있었다.

7. 노년의 성은 잠들지 않았다

"노인은 성 에너지를 모두 소비했다."

"노인은 느끼지 못한다."

"노인은 발기하지 못한다."

어떤 무지한 자들이 이런 말을 할까? 그들은 분명 늙어보지 못한 사람들이다. 노인들은 어쩔 수 없이 성을 억누르고 있을 뿐이지 완전히 성기능이 상실된 것은 아니다. 본능은 너무도 강력하여 주체가 죽지 않으면 절대로 죽는 법이 없다.

인간의 기능 중 성기능이 가장 늦게까지 간다고 한다.

노인들이 종묘를 찾는 이유는 다양하지만 그중, 성 본능을 해소하기 위해서인 사람들도 많다. 아니, 꽤 많다.

외롭다. 대화 상대가 필요하다. 종묘로 나오세요.

아직 나는 젊다고 생각한다. 종묘로 나오세요.

섹스하고 싶으세요? 종묘로 나오세요.

내가 종묘를 사창가로 소개하는 것은 아니다. 그러나 실제

많은 노인이 이 세 가지 목적을 한꺼번에 이루기 위해 종묘로 나오고 거기서 여자를 만난다.

강 모(84세) 씨는 속칭 '박카스 아줌마'들을 "노인을 상대해 주는 고마운 사람."이라고 표현했다.

"나이 먹었다고 이성에 관심이 없는 줄 아느냐. 3만 원이면 비싼 돈도 아니다."

공원 입구에 서 있는 중년 여성들을 바라보며 강 모 씨가 한 말이다.

세련된 청바지 차림의 한 노인(82세)은 여기에 오는 건 성 매매만 하려는 게 아니라며 노인들의 문화공간으로 봐주길 바란다는 말을 간곡히 하다가 불현듯 화난 말투로 반박했다.

"젊은 사람들도 이성을 만나려고 홍대 클럽에 가지 않느냐."

종묘공원은 80세 이상 초 고령 연령층의 단면을 잘 보여준다. 평균 수명이 길어지면서 80세 이상의 노인은 날로 늘어나고 있다. 이러한 현실임에도 정부는 초 고령 연령대 인구의 기본 정보 파악에서부터 어려움을 겪고 있다. 사회 고령화로 실질적인 문제가 주로 생기는 연령대는 80세 이상이어서 대응책 마련을 위해서는 이 연령대를 철저히 분석해야 하지만 초고령 연령층은 다른 연령층에 비해 자료 확보가 어렵다.

　고려대에서 지난 8월 석사학위를 받은 이학만(27) 씨는 '80세 이상 초 고령 인구 추정 방법에 관한 연구' 논문을 발표했다. 그는 논문에서 "우리나라 인구자료는 80세 이상 초 고령 연령층에 대해서는 연구를 진행하지 못할 정도로 부족한 실정이다. 1960~1999년 우리나라의 공식인구인 추계인구는 마지막 연령을 80세 이상으로 묶어서 집계하고 있는데 81세부터는 연령별 인구정보가 아예 없다. 2000년부터는 마지막 연령을 95세 이상으로 묶어서 제시하고 있고 2005년에 인구를 조사하면서 마지막 연령을 100세 이상으로 묶기도 했지만, 이때 이후로 다시 100세 이상 인구에 대한 연령별 자료가 없다."고 기술했다.

　통계청이 총 조사인구, 주민등록인구, 추계인구 등 3가지 인구 자료를 제공하였지만, 이들 자료는 고령층으로 갈수록 연령 기준에 일관성이 없어서 오차가 많이 발생하고 활용이 어려운 상태다.

　이와 관련해 이학만 씨는 "초고령층에 대해 효과적인 정책 개발을 하려면 이들에 대한 철저한 분석과 예측이 필요하다."며 "과거에서 현재까지 이 연령층의 자료를 갖추는 게 급선무다."고 지적했다. [16]

16　연합뉴스. 2010년 10월 1일.

이렇듯 국가조차 초고령 연령층에 무관심하다 보니 노인들은 복잡한 감정에 빠져 심리적 고립감을 느끼게 된다. 사회 어느 곳에서도 노인들은 무시당한다는 생각이 팽배해 있다. 그래서 그들만의 리그를 열듯이 그들만의 공간을 만든다. 종묘를 찾고 지하철을 타고 수도권을 맴도는 간이 여행을 한다. 노인들의 사교 공간이라 낙인 찍힌 종묘를 색안경 끼고 볼 게 아니라 소통 갈증을 해소하는 노인들만의 해방구임을 알아야 한다.

8. 살아 있기에 사랑하고 사랑받고 싶다

옛날 어느 고을에 수령이 부임하여 부임한 선물로 관내에 있는 효자를 천거받아 표창하기로 하고 관리들에게 알맞은 사람을 천거토록 했다. 그래서 가장 효성이 지극하다는 아들이 천거되었다.

수령은 효행에 관해 물었다. 그러자 그 아들은 30년 전 홀로된 아버지를 철 따라 좋은 옷과 맛있는 음식으로 지극 정성을 다하여 모셨노라고 답하였다.

그 말을 들은 수령은 표창은커녕 그 아들에게 곤장 30대를 쳐서 석방하며 말했다. "아버지가 30년 동안이나 독수공방에서 외롭게 지내게 하다니, 에라이 천하의 불효자 같은 놈!"

　대개 노년이 되면 자녀들은 출가하고 배우자를 잃은 탓에 외롭기 그지없는 시간을 보내는 경우가 많다. 배우자가 있더라도 이러저러한 이유로 어쩔 수 없이 살면서 평생 회복 불능의 관계에 있는 경우가 많다. 젊은이들의 고독과는 다르게 노인들의 고독은 모든 것이 상실되려는 시기어 겪는 것으로 뼛속까지 시리고 아프다.

　소멸로 향하는 시간인 만큼 온 정신이 리키도에 집중되기도 한다. 오래전에 포기했던 나르시시즘을 다시 부활시키고 재현하고 싶다. 참으로 힘들게, 열심히 살았는데 내 주변에 아무도 없다. 모두 잃었다. 아, 인간의 온기가 그립다. 이성의 온기가 그립다.

　철학자 가브리엘 마르셀이 말했듯이 인간이, 인간이 되기 위해서는 가족적이어야 하는데 노인들은 그렇지 못하다. 대부분이 가족구성원이 부재하거나 결손된 상태다. 고립이다. 그래서 일상의 불안에서 벗어나기 위해 타자와의 소통을 끊임없이 시도한다. 냉정한 현실과의 경계를 허물어뜨리고 소통을 하고 싶다. 이들의 행동은 때때로 비정상적이며 기형적으로 나타난다.

　이는 타자와의 소통 욕망과 사랑하고 싶은 에로스 본능이

혼재되어 탈 사회적인 행동 양상을 드러내는 것이라 볼 수 있다. 노년기는 삶을 정리하고 죽음을 맞이하는 단계이기 때문에 노인들의 이상심리는 삶과 죽음이라는 양극성의 틈새에서 발생함을 알아야 한다.

사회는 냉정한 현실에 적응하려고 손을 내미는 노인의 손길을 뿌리치면 안 된다. 한 노인의 삶의 치열성에서 나오는 손길이다. 잡아주기 바란다. 잡아주어야 한다.

노인들도 다른 사람의 도움이 필요하다는 사실을 인정하고 그 사실을 품위 있게 받아들여야 한다. 몸이 아플 때면 의사를 찾고 감사하는 마음을 잊지 않으며 늘 적극적으로 삶의 자잘한 고통을 극복해 나갈 줄 알아야 한다. 거기에 유머감각을 지니고 놀이를 통해 삶을 즐길 줄 알면[17] 더는 바랄 게 없다.

나도 노인이다. 내가 손을 내밀었는데 거절당한다면 참담한 절망에 빠질 것이다.

---

17 조지. 베일런트. 〈하버드대학교 인생성장보고서〉, 『행복의 조건』. 성숙한 방어기제는 4가지 개인적 자질이 뒷받침되지 않으면 아무 소용이 없을 것이다. 미래지향성. 감사와 관용. 다른 사람의 처지에서 세상을 바라볼 줄 아는 능력. 사람들에게 무엇을 해준다거나 사람들이 우리를 위해 무엇인가 해주기만 바라는 것이 아니라 사람들과 어우러져 함께 일을 해나가려고 노력하는 자세.

나는 나이를 먹어간다는 사실을 두려워하고 있는 사람에게
노년기는 발견의 시간이라고 말해주고 싶다.
만약 그가 "무엇을 발견한다는 말이오?"라고 묻는다면,
나는 "혼자 힘으로 발견하셔야 합니다.
그렇지 않으면 발견이 아닐 테니까요."
라고 대답할 수밖에 없을 것이다.

플로리다 스콧 맥스웰, 『생애를 되돌아보며』, 1968.

제3장

불량노인이
되자

1. 사랑이라는 마중물

사람은 누구나 행복하기를 원한다. 그러나 우리 주변에 행복하다고 생각하는 사람은 별로 없는 듯하다. 그만큼 행복은 우리에게 멀리 떨어진 듯하다. 그 거리를 좁히려고 사람들은 돈을 많이 벌고 일을 열심히 하고 명성을 얻고 권력을 가지려 애쓴다. 그러나 이런 것들을 성취해도 행복하지 않다는 사람들이 주변에 널렸다. 어? 이 길이 아니었단 말인가? 아무리 노력해도 채워지지 않는 무엇인가가 있다. 뭘까? 행복해지는데 모자라는 그 무엇!

바로 사랑이다. 특히 이성 간의 사랑이다. 죽을 만큼 사랑하는 이가 있는 사람은 행복하다. 그 사람을 위해 무엇인가를 할 때 행복을 느낀다. 그 사람을 기다리거나 만날 수 있다는 것만으로도 행복하다. 따라서 행복하지 않다면 사랑이 없는 나를 돌아봐야 한다. 내 마음속에 사랑이 없는 것은 아닌지 의심해야 한다.

태어날 때 우리 영혼은 사랑으로 가득 찬 존재였다. 그러나 성장하면서 부모, 형제, 친구들로부터 받은 상처로 사랑의 마음이 움츠러들었다. 연애하고 결혼하고 자식을 낳아 기르면서 차츰 잃어버린 사랑을 회복하는 사람도 있다. 반대로 그

나마 얼마 남지 않았던 사랑마저 연애와 결혼으로 잃어버리는 사람도 있다. 사랑에는 섬김이 필요하고 섬김에는 아픔과 희생이 따른다. 그 희생과 아픔을 감수할 수 없는 사람이라면 사랑을 넘보아선 안 된다. 고귀한 사랑과 진정한 행복을.

사랑도 투자에 대한 대가이다. 말라비틀어져 있는 마음의 펌프에 오늘 사랑이라는 마중물을 부어보자. 행복이 콸콸 쏟아질 것이다.[18]

이 글에 공감하지 않는 고령자가 있을지 므르겠다. 만약 그렇다면 그들은 행복을 포기한 거와 같다. 행복의 포기는 삶의 포기다. 나이를 의식해서입니까? 사랑을 너무 거창한 것으로 알고 있는 건 아닙니까?

사랑은 위하는 마음이다. 소중한 사람에게 마음을 베푸는 일에 나이가 무슨 상관인가. 부드러운 말 한마디면 된다. 사랑의 마음으로 가족과 친구, 이웃과 세상을 포용하자. 그러면, 태어날 때는 당신이 울었지만, 죽었을 때는 당신을 위해 세상이 울어줄 것이다. 그것이 삶의 완성이다. 우리는 죽음에 가까워지고 있다. 우리에게 주어진 시간은 짧다. 행복해야 한다. 그러기 위해서는 사랑을 어떻게 실천하느냐에 따라 달렸다. 이제 선택은 당신들의 몫이다.

---

18 채정호. 카톨릭대 성모병원 정신과 교수. 동아일보. 2007년 9월 3일. A25면 plus건강.

2. 매춘부와 수도승

현대사회에서 매춘은 다양해지고 복잡해졌다. 그러나 그 본질은 달라지지 않았다. 매춘은 여전히 여성들이 먹잇감을 얻기 위해 하는 노동행위다. 그녀들은 자신의 몸을 제공하고 대가를 받음으로써 생을 유지한다. 매춘은 인류의 역사와 더불어 지속하여온 장구한 직업이다.

한 수도승이 사원 옆에서 살고 있었다. 그 수도승의 집 앞에는 공교롭게도 매춘부의 집이 있었는데 밤낮없이 사내들이 들락거렸다. 이를 항시 못 마땅히 여기던 수도승은 어느 날 매춘부를 불러다 호되게 꾸짖었다.

"여인이여 그대는 죄인이다. 밤낮으로 죄만 짓고 있는데, 도대체 그 죄의 대가를 어떻게 받으려고 하는가?"

이 말을 듣고 가난한 매춘부는 자기의 부정한 행실에 대해서 매우 부끄럽게 생각하고 진정으로 신에게 용서를 빌었다. 그러나 달리 생계를 꾸려나갈 수 없었던 그녀는 매춘을 그만둘 수 없었다. 수도승은 자신의 충고에도 불구하고 그녀의 행실이 변하지 않자 하루는 작정했다.

'대체 몇 명인지 세어 보리라.'

그날부터 수도승은 매춘부의 집으로 남자가 들어갈 때마다 마당 한구석에 돌을 하나씩 던져놓기 시작했다. 날이 감에 따라 돌무더기는 커져서 드디어 커다란 돌탑을 이루었다.

어느 날 수도승이 돌탑을 가리키며 매춘부에게 말했다.

"여인이여, 이 돌무더기가 보이지 않는가? 이 돌 하나하나는 그대가 상대한 사내들의 숫자다. 그대는 이 돌무더기만큼 죄를 지었다. 자, 그래도 음탕한 그 짓을 그만두지 않겠느냐?"

가엾은 여인은 그 돌무더기를 보고 눈물을 흘리며 기도했다.

"신이여, 죄 많은 저를 굽어 살피소서. 더러운 육신을 거두시어 이 생활에서 해방시켜 주소서."

여인의 간절한 기도가 마침내 신에게 전달되었다. 그날 밤 죽음의 천사가 그녀 집을 방문하여 수도승도 같이 데리고 갔다. 천국의 사자는 하늘로부터 내려와서 깊이 회개한 매춘부의 영혼을 인도하여 극락으로 올라갔다. 한편 염라대왕의 사자는 자신만만한 수도승의 영혼을 묶어서 지옥으로 끌고 내려갔다. 매춘부의 영혼이 천국으로 가는 것을 본 수도승은 외쳤다.

"이게 어찌 의로운 신의 심판이란 말인가! 나는 일생 금욕과 절제 그리고 가난 속에서 살았다. 그런데 지금 이렇게 지옥으로 끌려가고 있다. 저 매춘부는 간음만 일삼은 죄인 아닌가. 이렇게 불공평할 수는 없는 법이오."

이 말을 듣고 염라대왕의 사자는 말했다.

"신은 언제나 공평무사하다. 너는 일생 수도승이라는 자만심과 명예를 얻기 위해서 청정히 계를 지키며 살았다. 스스로 의롭고 깨끗하다는 자기도취에 빠져 단 한 번도 가슴에서 우러나오는 기도를 하지 않았다. 너는 대가를 치르는 것이다. 그러나 그 매춘부는 몸으로는 비록 죄를 짓고 있었지만, 가슴으로는 항상 신에게 기도했다. 또한, 늘 그대와 같은 수도승에게 존경심을 가지고 그대의 청정 행동을 동경하고 사모하였다. 그리하여 그녀의 마음은 항상 신과 공경과 청정으로 가득했었다. 보라, 지금 저 세상에서 너의 육체와 그 여인의 육체가 취급되고 있는 광경을…. 너의 몸은 죄짓지 않고 청정하였으므로 사람들은 꽃다발로 장식한 너의 육체를 메고 음악을 울리며 갠지스 강으로 가고 있다. 그러나 이 매춘부는 음란하고 죄 많은 몸이었으므로 들에 내버려져 독수리와 자칼에 갈기갈기 찢기고 있다. 그렇지만 다시 보라. 비록 그 여인이 매춘부였지만 마음으로는 항상 신을 공경하며 청정 행에 대한 동경심으로 가득 찼기 때문에 지금 천국으로 가는 것이다. 너는 비록 몸으로는 죄짓지 않았다고 하지만, 마음은 언제나 그 여인의 음란을 꾸짖고 그 죄를 헤아리는 데 열중했기 때문에 항상 죄와 음란으로 가득 차 있었다. 진정 매춘을 한 사람은 그 여인이 아니라 바로 너였다. 그러므로 너의 마음은 청정하지 못한 곳, 지옥으로 가는 것이다. 이것이 바로 의롭고 공명정대한 신의 심판이 아닌가?"[19]

공장에서 해고당한 판틴은 빚과 생계 때문에 매음굴로 들어간다. 사람들은 그녀에게 돌을 던지고 욕을 해댔다. 그러나 그녀를 구한 이는 바로 장발장이다.

3. 남녀의 교감은 하늘과 땅의 소통이다

상황1:
종묘공원, 한 여인이 남자에게 다가간다. 여인(여인은 중년이거나 노인이다)은 박카스를 노인에게 건넨다. 박카스는 우리 세대에 대표적인 자양강장제다. 여인과 남자는 잠시 이야기를 건네고 함께 자리를 뜬다.'

상황2:
종로3가 1, 3호선 환승역. 노인 한 분이 은행 현금 출납기에서 돈을 뺀다. 만 원짜리가 십여 장이다. 이를 본 여인이 노인에게 다가간다. 노인은 옆에 다가온 여인에게 보여주고 싶은지 지폐를 한 장 한 장 세어가며 지갑에 넣는다. 두 사람 사이에

19　김종재. 인간관계론. 2006.3. 서울 박영사. p. 115.

미소가 오간다.

    이 모습은 종묘나 탑골공원 기타 종로 일대에서 흔히 목격할 수 있는 상황이다. 일명 '박카스 아줌마'라 불리는 매춘여성과 그들을 찾는 노인들의 거래 모습이다.

    당사자가 아닌 사람들, 그리고 이 이야기를 들은 사람 대부분은 과히 좋은 풍경이라고 생각하지 않는다. 게다가 이것은 불법이다. 그들은 조심 또 조심하면서 만나야 한다. 경찰이 단속을 나오기도 한다. 그런데 나는 이들이 결코 나쁜 짓을 하는 것이 아니고 지탄의 대상이 되어서도 안 된다고 생각한다.

    죽음이 코앞이다. 저기 북망산에서 저승사자가 자전거를 타고 올지 벤츠를 타고 올지 모르겠으나 이미 출발했다는 소식이 들렸다. 관절 수술은 괜히 돈만 버린 것 같다. 엊그제 장기로 종묘를 평정했던 박 영감이 죽었다. 축의금(이렇게 부르고 싶다) 한 10만 원 내려고 아들한테 돈 좀 달랬더니 없단다. 싫단다. 제 새끼 학원비는 밀리지 않고 잘도 주면서 아비 돈 십만 원 줄 비상금이 없단다. 할 수 없이 만 원 달랑 들고 장례식장에 갔다. 만 원 내고 술도 먹고 밥도 먹고 다른 노인들과 거나하게 놀다 왔다. 고마운 박 영감이다. 나도 곧 박 영감처럼 되겠지. 아, 그런데 저 여자 예쁘다. 속살 한 번 만져봤으면 좋겠다. 그리고 2천 원짜리 잔치국수라도 앞에 두고 키득거리며 수다 좀 떨었으면 좋겠다.

　우리는 이 노인이 한 푼 두 푼 돈을 모아 저 예쁜 아줌마랑 초라한 여관방에서 매춘한다고 해서 욕을 할 수 있을까? 아니, 윤리적으로 이것이 비난받을 일인가?

　그녀들을 찾아가는 노인 대부분이 독거노인이거나 가족이 있다 해도 없는 것과 마찬가지인 경우이다. 의로운 탓에 그녀들을 찾아간다. 여자들 또한 돈을 받고 몸을 내어주지만, 온기가 그리운 건 마찬가지다. 사람의 정이 그립다. 지급한 돈의 액수만큼이겠지만 그렇게라도 정을 나누고 싶은 것이다. 아직 살아 있음을 확인받고 싶어서다. 사랑은 인생의 주성분이다. 심장과 손이 따뜻하면 마음 전체가 따뜻해진다. 그것은 남녀 육체의 결합에서 온다. 초고령자의 경우에는 꼭 성기결합만을 의미하지는 않는다.

　통계청에 의하면 2014년, 우리나라 65세 이상의 고령 인구는 630만 명을 넘어섰고 남녀 비는 1:1.5 정도라고 한다. 홀로 사는 노인가구는 약 125만 명(2013년)이다.

　비록 혼자 살아가지만, 끼니를 걱정하지 않아도 되고 아직 건강을 유지하고 있는 노인들은 꽤 많다. 그들은 노인이 아니라 건강한 이 사회의 한 구성원이다. 누군가로부터 따뜻한 위로와 온기를 느끼며 행복하기를 소망한다. 그런 노인들이 많은데 이들의 소망을 이룰 곳은, 없다.

그래서, 또 그래서 이들은 박카스 아줌마를 찾는다. 그들을 주책없이 쾌락이나 좇는다고 비난할 수 있을까? 그리고 과연 이들이 성적 쾌락만을 좇아서 찾아가는 것일까?

고독이다. 죽음 다음으로 무섭다는 고독이다. 사람이 고독을 치유하겠다는데 이를 반대할 수 있겠는가? 비록 나이가 들었지만, 마음은 청춘이다. 청춘의 시기만큼은 아닐지라도 몸이 뜨겁다. 젊은 날 누렸던 희로애락의 감정을 그대로 간직하고 있다.

이런저런 이유로 노인들은 몰래 그녀들을 찾는다. 이성의 온기를 느끼며 정을 나누고 싶어서다. 성매매 금지 특별법에 의한 불법임을 알면서도 그녀들을 찾는 이유는 단순하다. 인간에 대한 그리움 때문이다. 비록 돈을 지불한 대가로 사는 정(情)이지만 극히 짧은 시간일망정 그녀들과 있는 시간만큼은 살아 있음을 느낀다.

노년에 이르면 배우자를 잃는 경우가 많다. 그들이 홀로 살아갈 수밖에 없는 가장 큰 이유는 경제력이 뒷받침되지 않아서다. 비루한 삶에서 얻은 건 노쇠한 육체와 고독뿐이다. 그런 중에도 불쑥불쑥 고개를 쳐드는 남성성 때문에 노인들은 고통스럽다. 하는 수 없이 찾아 나선 곳이 종교고 종로다. 그곳에는 그녀들이 있다. 그녀들의 품은 따뜻하고 포근하다. 그녀들과의 교감을 통해서 그들은 살아 있음을 느낀다.

4. 박카스 아줌마 - 그녀들의 비애와 소망

성은 젊은이들의 전유물이 아니다. 노인에게도 성생활은 생활의 활력이자 생명의 원천이다. 인간의 성에 대한 관심과 흥미는 태어날 때부터 시작하여 숨을 거둘 때까지 지속된다. 성에는 결코 정년이 없다. 그럼에도 노인이 성을 추구하면 터부시한다. 매춘을 할 수 있는 경제적 여건이 되는 노인들도 주변 인식, 사회적 통념, 불법이라는 굴레 등을 고려하여 스스로 성욕을 억제한다. 사라지지 않은 나의 남성성을 숨기고 살아야 한다. 드러내면 지탄의 대상이 된다. 노년의 삶이 이토록 비루할 줄 몰랐다.

내가 노인의 성 문제를 장황하게 꺼낸 이유는 노인에 관해 이야기할 때 인간의 기본욕구인 성의 영역을 배제하고서는 노인 생활의 질적 향상을 도모할 수 없다는 믿음에서다. 아직 우리 사회는 성 자체를 터부시하고 있다. 그런 마당에 노인의 성을 운운한다는 건 쉬운 일이 아니다. 그럼에도 용기를 낼 수 있었던 건 노인의 성에 대한 부정적 사회 인식이 바뀌었으면 하는 바람에서다. 인간이 사회적 존재인 만큼 성행동의 결정양식도 사회문화적인 환경에 의해서 좌우된다. 앞으로 우리나라 노인들의 성 의식이나 성 행동에 대한 올바른 지식과 이해를 증진할 필요가 있다. 아울러 노인의 긍정적인 성생활 방향이 새롭게 조명되기를 바란다.

나는 지난 몇 달간 종묘와 종로를 오가며 노인들의 성 문제를 관찰했다. 소위 박카스 아줌마도 만나고 그녀들을 찾는 내 또래의 노인들도 만나봤다. 같은 노인의 입장에서 수 개월간 탑골공원과 종로3가역을 찾아다녔다. 이미 오래전부터 부정적으로 비치고 있는 이곳에서 박카스 아줌마들의 활동과 생활상 그리고 그들의 존재적 의미와 가치를 파악하고 이해해 보려는 의도였다.

20대에서 80대 중반에 이르기까지 박카스 아줌마들의 연령대는 다양하다. 거기에는 약간의 정신장애인들도 있다. 그래서 그녀들의 화대는 차등이 있다. 젊고 정상적인 여성은 통상 3만 원을 받고 한 시간의 서비스를 제공한다. 그러나 늙었거나 장애가 있는 여성의 경우는 5,000원~20,000원의 화대를 받는다. 그런 여성들도 이곳을 찾는 노인들에게는 없어서는 안 될 존재다. 노인 각자의 경제 형편이 다르기 때문이다. 경제력이 좀 있는 노인의 경우는 좀 더 젊은 미모의 여성을 선택함은 물론, 서비스 시간도 여유 있게 제공 받을 수 있다. 그런 점에서 노인들과 박카스 아줌마의 관계도 철저히 자본주의적이다.

나는 비교적 인물이 출중해 보이며, 호감이 가는 인상의 여성 두 명에게 인터뷰를 요청했다(단, 녹음을 꺼려 구두로 응답하였음을 밝히며 가명으로 대신한다).

인터뷰 I

문 : 나이는?

답 : 53세이다.

문 : 이름은?

답 : 임경희이다.

문 : 고향은?

답 : 경기도다.

문 : 이 일에 종사한 지는?

답 : 10여 년 된다.

문 : 이 일을 하게 된 동기는?

답 : 생활고이다. 다른 일로는 이만한 수입을 올릴 수 없다.

문 : 여기에 종사하는 여성의 연령대는?

답 : 20대에서 84세까지 있는 것으로 안다. 종사자 중에는 정신 장애자도 있어 흥정에 따라 화대가 정해진다. 대략 5,000원에서 20,000원 정도다. 그녀들 중 젊은 매춘부는 아버지를 모르는 아이를 낳아 기르는 여성도 몇 있다.

문 : 찾아오는 남성의 연령대는?

답 : 60~70대가 주종을 이루며, 80대 후반에 가면 급격히 감소하나, 90대 중반의 노인들도 간혹 찾아온다. 내가 상대한 최고령 노인의 나이는 94세였다.

문 : 찾아오는 사람들의 부류는?

답 : 학식이 풍부한 지식인부터 문맹까지, 부유층에서 극빈층까지, 육체가 건강한 사람에서 장애를 가지고 있는 사람들까지 다양하다.

문 : 하루에 상대하는 사람은?

답 : 적은 날은 2~3명, 많은 날은 7~8명이다.

문 : 찾는 사람이 가장 많은 때는?

답 : 명절 때는 하루 10명 이상이다. 다른 계절에 비해 가을과 겨울이 많은 편이다.

문 : 월 소득은?

답 : 평균적으로 300만 원 정도 된다.

문 : 그들이 행위를 하는 데 걸리는 시간은?

답 : 대부분 삽입 후 10분 이내 사정(射精)을 한다. 짧은 경우는 2~3분 정도인데 30분 이상을 지속하는 경우도 있다. 가끔은 1시간 이상 지속하는 경우도 있다.

문 : 행위 시간의 짧고 긴 경우의 신체적 특징이나 차이점은 있는가?

답 : 비만형은 대체로 페니스가 작고 행위 시간도 짧은 편이다. 그에 반해 마른 체형은 대체로 페니스가 크고 강도가 높으며 행위 시간이 긴 편이다. 내가 경험한 바를 비율로 따진다면 마른 체형은 70% 정도가 지속 시간이 길고 강한편이며 반대로 비만형은 70% 정도가 마른 형에 비해 지속시간과 강도가 좀 약한 편이었다.

문 : 당신도 오르가슴을 느끼는가?

답 : 직업이지만 인간이기 때문에 상대에 따라 황홀감을 느끼며 같이 즐기기도 한다.

문 : 성병은 어떻게 관리하는가?

답 : 행위 시 콘돔 사용을 원칙으로 하지만 남성들이 직접적인 마찰을 원해 성병에 노출되기 쉽다. 위법행위에 의한 병이므로 각자가 알아서 예방 및 치료를 한다.

문 : 애로사항은 없는가?

답 : 헤아릴 수 없이 많다.

· 애로사항 〈사례1〉

여기 찾아오는 노인들은 우리에게 고마워한다. 신분이나 장애 유무를 따지지 않고 성심을 다해주기 때문이다. 예컨대 찾아오는 노인 중에는 극빈층이나 장애를 가진 분들도 꽤 있다. 장기간 목욕을 하지 않은 분들이 더러 있는데 그런 경우 섹스뿐만 아니라 머리도 감겨 주고 목욕까지 시켜준다. 그러면 마음을 열고 서러웠던 얘기나 상처받았던 마음을 털어놓기도 하는데, 그때마다 진심으로 들어주고 위로해준다. 말 한마디에 위로를 받고 감격의 눈물을 흘리는 그들에게서 인간적인 정을 느낀다. 그런 이들일수록 따뜻한 온기가 그리워 오래도록 껴안고 싶어 하는데, 영업상 지장이 많아 그 마음을 충족시켜주지 못해 미안할 때도 잦다.

· 애로사항 〈사례2〉

매춘 일에 종사하는 부류 중에는 나쁜 여성도 많다. 주로 외국(중국 등지에서 한국으로 돈을 벌기 위해 왔다가 이 일에 뛰어든 여성들로 추정됨)에서 온 여성들로 손님이 잠깐 일(샤워, 용변 등)을 보는 사이에 잽싸게 호주머니를 뒤져 돈을 훔치기 때문에 노인들이 피해를 보기도 한다. 사실 그녀들이 이곳의 주도권을 잡고 흔든다고 해도 과언이 아니다.

· 애로사항 〈사례3〉

이곳을 찾는 노인 중에도 나쁜 악질이 있다. 성관계를 마치고 화대를 주지 않으려고 불법 영업하는 것을 빌미 삼아 고발 조치하겠다고 협박을 하며 그냥 가는 사람이 있는가 하면 소리 높여 창피를 주어 10만 원씩 갈취해 가는 인간도 있다.

· 애로사항 〈사례4〉

가장 큰 애로는 성매매 금지 특별법에 의한 불법행위를 근절하려는 단속에 대한 불안이다. 언제 단속이 있을지 몰라 늘 애가 탄다. 나뿐만 아니라 고객도 안전해야 하기 때문이다. 언젠가 점잖은 노신사가 두 번째 찾아왔을 때 갑작스러운 단속에 걸려 벌금 10만 원을 물은 적 있다. 그분은 그 뒤로 영영 발길을 끊었다. 단속에 걸린 게 못내 안타까웠다. 내가 볼 때 그분은 아직 한참 동안 여자가 필요해 보였다. 이런 경우를 당하면 바라는 게 생긴다. 이러저러한 이유로 성적 욕구를 해소할 수 없는 노인들을 위해서라도 우리 같은 매춘부는 필요하다. 그 점을 당국이 알아서 허가해주기를 바란다. 노인들도 행복을 추구할 권리가

있는데 물리적인 단속만이 능사는 아니다. 근원적인 해결
을 고민해야 한다.

· 애로사항 〈사례5〉

가장 괘씸하고 불쾌한 경우는 큰 언론사는 절대 그런 일
이 없는데 사이비 기자나 삼류 잡지 기자 중에 자기들을
찾아와 자기들과 성관계를 갖고 몰래 카메라로 여러 장면
을 찍어가서 우리들을 마치 사회의 독버섯인 양 매도하고
협박을 하거나 흥미 기사로 다뤄 사회적 약자인 우리들
의 목을 조르고 거기에 출입하는 노인들을 멸시하는 기사
를 써서 노인들의 마음을 아프게 하는 일이다. 그런 기사
를 쓰는 사이비 기자나 삼류 잡지 기자들은 100% 자기들
과 성관계를 한 사람들로 보면 틀림없다. 그들의 아버지
나 형제들 중에는 독신자들도 있을 것이고 빈곤층도 있을
것이다. 그 아버지나 형제 중에 자기들과 성관계를 한 사
람들이 없다고 단정할 수 없다. 그렇다면 부자지간에 같
은 여인과 불법 성매매를 한 것이다. 앞으로는 자신들의
아버지를 생각해서라도 그런 데서 자기들과 불법 성매매
를 하면서 흥미 기사를 찾으려고 하지 않았으면 좋겠다.

· 인터뷰 Ⅱ

문 : 나이는?

답 : 49세이다.

문 : 이름은?

답 : 권영란이다.

문 : 고향은?

답 : 중국 심양이다.

문 : 이 일에 종사한 지는?

답 : 7년 정도 된다.

문 : 이 일을 하게 된 동기는?

답 : 한국에 돈 벌러 왔다가 이 일을 알게 되었다. 어떤 일보다 수입이 좋다.

문 : 여기에 종사하는 사람들의 연령대와 화대는?

답 : 정확한지는 모르겠지만 20대에서 84세까지 있다고 들었다. 5,000원에서 30,000원 정도다.

문 : 찾아오는 사람들의 연령대는?

답 : 간혹 30~40대도 있긴 한데 극히 드물다. 거의 60~70대가 주를 이룬다. 언젠가 90대 중반의 노인도 찾아온 적 있다.

문 : 찾아오는 사람들의 부류는?

답 : 짐작일 뿐이다. 외모가 깔끔하면 경지적 여유가 있어

보이고 유식해 보이기도 한다. 대체로 성욕이 왕성한
자들이 많이 찾는 것 같다.

문 : 하루에 상대하는 사람은?

답 : 적은 날은 3~4명에서 많은 날은 9~10명이다.

문 : 찾는 사람이 가장 많은 때는?

답 : 한국의 명절 때로 하루 10명 이상이다. 외로움을 타는
가을이 가장 많은 편이다.

문 : 월 소득은?

답 : 평균 400~500만 원 정도다.

문 : 그들이 행위를 하는 데 걸리는 시간은?

답 : 대부분 10분 이내 사정한다. 짧은 경우는 2~3분 정도
인데 조루 수준이다. 30분 이상을 지속하는 경우도 있
고 어쩌다 삽입을 하지 않고 1시간 이상을 애무해준 사
람도 있는데 그런 때는 나도 흥분한다.

문 : 행위 시간의 짧고 긴 경우의 신체적 특징이나 차이점은
있는가?

답 : 대체로 마른 형이 도구가 크고 강도가 높으며 행위 시
간이 길고 비만형은 도구가 마른 형에 비해 작은 사람
이 많다. 지속시간도 짧은 편이다.

문 : 당신도 오르가슴을 느끼는가?

답 : 가끔 궁합이 잘 맞는 사람을 만나면 나도 미칠 정도로

좋다. 직업과 무관하게 성관계에서만큼은 충동적인 듯 싶다.

문 : 성병은 어떻게 관리하는가?

답 : 콘돔을 쓰라고 하는데 안 하겠다고 우기는 사람이 많다. 언젠가 웃돈을 얹어준다고 해서 그냥 했는데 성병에 걸려 버렸다. 재수 옴 붙었다고 생각하고 자비로 치료했다. 경계할 것에 소홀하면 더 큰 손해가 따르는 법을 깨달았다.

문 : 애로사항은 없는가?

답 : 왜 없겠는가?

· **애로사항 〈사례1〉**

이곳을 찾는 노인들은 나에게 고마워한다. 절대 신분이나 장애 유무 따위를 따지지 않아서인지 모르겠다. 돈 받고 일해주면 그만인데, 굳이 따질 이유가 없다. 가끔 노인 중에는 극빈층이나 장애가 있는 분들이 오는데, 조금 불편하다. 그런 사람들일수록 끈적대며 많은 것을 요구한다. 그럴 때면 다음 영업을 핑계로 냉정하게 거절하는 편이다. 소외되고 고독한 그들을 인간적으로 대해준 적 있는데, 잘못 착각해 청혼을 받기도 했다. 매사에 경계하지 않으면 이 일을 오래 못한다.

· 애로사항 〈사례2〉

매춘 일에 종사하는 부류 중에는 나쁜 여성도 많다는 소문이 돈다. 주로 나처럼 외국에서 온 여성들이라고 한다. 손님이 잠깐 일을 보는 사이에 호주머니를 뒤져 돈을 훔친다고 하는데, 나는 잘 모르겠다. 이 바닥에서 일하는데 금세 들통 날 일은 하지 않을 것 같다. 또한, 외국에서 온 여성들이 이곳의 주도권을 잡고 흔든다고 하는데, 믿을 수 없다. 내 경우만 하더라도 아직 여기저기 눈치를 보는 형편이다.

· 애로사항 〈사례3〉

이곳을 찾는 노인 중에는 아주 질이 나쁜 부류도 있다. 성관계를 하고 나서 화대를 주지 않으려고 불법 영업이라는 점을 입에 올리며 깐족댄다. 인신 공격적인 말로 자존심을 상하게도 하는데, 차라리 고발하겠다고 협박하는 편이 훨씬 낫다. 나는 그런 자들한테는 절대로 물러서지 않는다. 같이 벌금을 물자고 맞대응하면 씩씩거리며 돈을 던져주고 간다. 얼굴에 가래침도 맞아봤다.

· 애로사항 〈사례4〉

성매매 금지법인가 하는 거다. 경찰이 언제 들이닥칠지 모른다. 단속에 몇 번 걸려 봤다. 한번은 궁합이 잘 맞아 한 달에 한 번씩 만나자는 약속을 하고 만나는 사람이 있었는 데 단속에 걸리고 찾아오질 않는다. 정 같은 게 막 생기려고 했는데…. 아쉽다.

※ 인터뷰Ⅱ의 여인은 인터뷰Ⅰ의 여인보다 좀 더 타산적이고 냉정했으며 이목구비가 뚜렷했고 풍만한 육체를 가졌다. 그래서인지 수입 면에서 인터뷰Ⅰ을 앞섰다. 그녀는 필자와의 상담에서도 약속한 시간이 조금 지나자 인터뷰에 응하는 비용을 추가해달라고 요구하기도 했다. 인터뷰Ⅰ과 Ⅱ는 모두 비슷한 장소와 상대하는 고객층이 한정되어서인지 몰라도 대답한 내용 중 비슷한 점이 많았다.

사회적으로 질시의 대상이 되는 그녀들의 삶은 치열하다. 또한, 그곳을 찾아오는 노인들에게 삶의 의욕과 행복을 제공해주는 위로의 기능과 역할을 담당한다는 자부심도 있었다.
대부분 매춘으로 관계를 시작했지만, 그중의 상당수는 다정한 연인처럼 발전하여 서로의 고독을 보듬어주며 살아가는 사람들도 있다. 박카스 아줌마로 비하하는 세상이지만 막상 그녀들을 찾는 노인들은 그녀들과의 관계에서 젊은 시절 못지않은 강렬한 엑스터시를 느낀다고 한다. 따라서 어떤 노인들에게 박카스 아줌마는 유일한 위안처요, 행복의 시간을 공유하는 친구이다. 이와 같은 노인들의 현실임에도 사회의 시선은 여전히 곱지가 않다.

5. 왜 노인들이 그들을 찾아가는가?

전쟁과 빈곤으로 점철된 세월을 살아온 노인들의 가슴 속에는 풀어지지 않는 멍들고 응어리진 한(恨)이 똬리를 틀고 있다. 어머니의 따뜻한 가슴에 얼굴을 파묻고 실컷 울고 싶고 고달팠던 삶에 대한 위로도 받고 싶고…… 그러나 그들에게는 그런 상대가 없다. 험한 세상 모진 세파(世波)를 헤치며 고락을 같이해 왔던 아내마저 북망산천(北邙山川) 가는 길이 뭐 그리 급하다고 훌쩍 떠나버렸다. 책으로 써도 몇 권은 족히 될 만한 구구절절한 사연들을 이제 그 누구와도 나눌 수 없는 독신 고령자들, 홀로 쓸쓸히 하루하루를 살아가는 그들은 자신의 처지가 서럽기 그지없다. 설령 부부가 같이 살아 있다 해도 한쪽이 질병에 시달리며 병원, 요양원 등에 가서 드러눕거나 치매에 걸려 인사불성이 되어 있기에 십상이다. 외로움과 서러움이 독거노인과 다를 바 없다.

여명(餘命)의 초침(秒針)이 째깍째깍 소리를 내며 돌아가고 있는 것을 보면 초조와 불안이 엄습한다. 그들은 하루하루를 살아가기가 버겁지만 그래도 순간순간 그놈의 성이 뭔지 섹스가 뭔지…….. 숨이 멎기 전에 어린애처럼 여인의 가슴에 얼굴을 파묻어 보고 싶다. 여인의 몸을 너무 좋아하다가 죽을지도 모르지만 죽을 때는 죽더라도 살아 있는 동안에 성적 에너지를 발산하고 싶다. 모든 것을 상실한 자가 해보고 싶은 고독의 치유방법이다. 따뜻한 정을 나누고 싶고 대화를 나누고 싶고 사랑도 하고 싶다.

아직 건강을 유지하고 있는 노인들에게 성생활을 포기하라는 건 삶을 포기하라는 것과 같다. 그들도 즐겁고 싶고 행복하고 싶다.

돈 많은 상류층이라면 이야기가 달라진다. 그들은 자본의 힘으로 자신들이 원하는 모든 것을 얻을 수 있다. 그중에 젊고 팔팔한 여자들이 빠질 리 없다. 젊고 싱싱한 여인들 또한 개를 줘도 안 가져갈 도덕률을 잠시 접어두면 나쁠 일 없다. 눈 질끈 감고 몸을 내어주면 짧은 시간에 거액을 수중에 넣을 수 있다. 그러나 그들은 나의 관심 밖이다.

나는 아직 남성성이 왕성한, 그렇지만 그 혈기를 마땅히 풀 수 없는 대다수의 빈곤한 노인들의 이야기를 하는 것이다. 빈곤한 노인들이 쉽게 접할 수 있는 여성들이 바로 박카스 아줌마다. 그녀들이 있는 곳엘 가면 그녀들의 등급에 따라 섹스 1

회에 5,000∼30,000원 사이의 돈으로 고독을 달랠 수 있다. 위로를 받을 수 있다. 사랑할 수가 있다.

불법임을 알면서도 노인들은 그곳을 찾는다. 나의 외로움을 법으로 금지하는 건 말도 안 된다. 나의 고독을 국가가 나서서 더 무겁고 힘들게 하는 꼴이다. 그들은 거의 다 독신 고령자들이고 경제력이 없다. 그래서 5,000원짜리 행복을, 30,000원짜리 행복을 찾아 헤맨다. 그들에게는 그 행복이 소중하다. 그리고 유일하다. 여성들의 지적 수준이나 그런 것은 문제가 아니다. 다만 싱싱한 여인의 몸을 잠시나마 소유하고 싶고 어린애 마냥 실컷 주무르고 싶은 것이다. 오래된 연인처럼 실컷 대화도 나누고 싶은 것이다. 그녀들은 자연스럽게 그것을 받아들인다. 눈물겹게 그저 고맙다.

6. 귀소본능

진화론자들은 인간의 조상이 물고기라고 한다. 차가운 바다의 물속에서 수많은 경쟁자와 치열한 투쟁을 하다 좀 더 평화롭고 행복한 세상을 찾기 위해 육지로 튀어나온 물고기가 진화를 거듭하여 인간이 되었다는 것이다.

그래서 인간의 고향은 바다이며 인간의 뇌 속에는 항상 고향인 바다를 그리워하는 무의식이 잠재해 있다고 한다. 그것은 자기가 태어나기 전 10개월 동안 성장해 온 어머니의 자궁을 바다로 생각하며 항상 그리워하고 그곳(어머니의 자궁)을 찾아가고 싶은 무의식과 같다.

난자의 중량은 정자의 10만 배나 되고 영양물질로 가득 차 있으며, 자궁은 길이가 7cm 정도인 달걀만 한 크기이지만 정자 길이의 3,000배나 되는데 임신을 하면 1,000배까지나 커지고 물로 채워져 있다고 하니 바다를 연상하기에 충분하다.

남자는 마음에 드는 여자를 보면 일단 껴안고 싶고 짝짓기를 하고 싶다. 그런데 그녀는 어머니를 닮았다. 자신의 이상향이 어머니라는 마음이 무의식에 내재하여 있기 때문이다. 따라서 남자가 여자를 안고 싶은 심리는 어린애가 어머니의 따뜻한 가슴에 안겨보고 싶은 것과 같고 짝짓기를 하고 싶어 하는 것은 자기의 고향인 바닷(어머니의 자궁)속으로 들어가고 싶은 심리에서 나온다고 한다.

그래서 일단 마음에 드는 여성(무의식 속에서 어머니 같이 느껴지는 여성)을 발견하면 그 안으로(자궁 속) 들어가고 싶고 들어가면 평화롭고 편안해질 것 같다. 그 충동을 이겨내기 힘들다.

실제로 몸 전체가 자궁으로 들어갈 수는 없지만, 남성을 대표하는 몸의 일부인 페니스를 여성을 대표하는 버자이너에 넣고 들어갔다 나왔다 하는 다시 말해 물고기가 수면으로 올라왔다 다시 물속으로 들어가는 것과 같은 흉내를 내는 것이다. 그 피스톤 운동을 반복함으로써 섹스가 이루어지는데 행위가 끝나고 나면 천하를 얻은 것 같은 만족감과 안정감을 느끼게 된다. 이것은 아이가 어머니로부터 원하는 사랑을 듬뿍 받았을 때의 만족감과 같다.

남자를 연어, 여자를 숭어에 비유한다. 연어는 태어나 머나먼 바다로 가서 살다가도 산란기가 되면 생명을 잃을 수도 있는 무섭고 험난한 길을 거슬러 자기가 태어난 곳으로 되돌아온다. 그리고 산란을 하고 일생을 마친다. 남자는 연어다. 남자는 원래 태어난 곳으로 되돌아가고 싶어 하는 귀소본능(歸巢本能)이 강하다. 자신이 태어난 고향인 여성의 버자이너로 돌아가고 싶은 본능이 생명을 걸만큼 강하다.

이에 비해 여성은 한 번 떠난 곳으로는 되돌아가려 하지 않는다. 예컨대 격한 부부싸움을 했을 경우 남자는 집을 나갔다가도 바로 돌아오는 성향이 강하지만 여자는 일단 집을 나가면 되돌아오려 하지 않는 경우가 훨씬 많다. 모든 미련을 버리고 바다로 나간 숭어와 같다. 그것은 바로 남자는 어떤 점에 대해 쉽게 잊거나 포기하지 않는 미련성(未練性)이 강하지만 여자는 한번 결단한 일에 대해서는 그 시간부터 깨끗이 잊어버리는 심리적 특성에 기인한 것이다.

외도를 예로 한번 들어 본다면 40대의 중소기업 사장이 부도를 맞아 잘 나가던 가정이 졸지에 경제적 어려움을 겪게 되자 부부 간에 격한 싸움이 잦아졌다. 빚 독촉은 점점 심해진다. 그러다 보니 남자의 성 기능이 제대로 작동할 수 없게 되었다. 그러자 성적 불만을 느낀 그 부인이 다른 남자와 바람이 나 가정을 영원히 버리고 돌아오지 않았다. 그 가정에는 대학 진학을 앞둔 고3짜리와 중3짜리 아들이 있어 어느 때보다 어머니의 보살핌이 절실했던 가정이다. 그러나 그녀는 가정이나 자식보다 자신, 즉 개인의 쾌락과 행복이 더 소중했다.

IMF 때 많이 있었던 일이지만 얼마 전 아직 60이 채 안 된 남편이 남자 구실을 제대로 못 한다고 50대 후반의 부인이 바람이 나서 이혼을 요구했다. 남편은 가정을 우지하기 위해 모든 부정을 불문에 부칠 테니 장성한 자식들을 위해서라도 가정으로 돌아올 것을 설득하고 호소했다. 그러나 아내는 당신에게서는 만족을 느낄 수 없어 더는 못 산다고 강력히 주장하며 나중에는 차마 입에 옮길 수 없는 협박까지 했다. 남편은 끝내 아내를 이기지 못하고 이혼을 당했다.

그녀는 그 후 제비족과 어울려 골프장 등을 돌아다니며 신바람 나게 놀았다. 결국, 이혼하면서 받은 재산을 다 털리고 뒤늦은 후회를 하고 있다.

반면 남편은 전 부인보다 10년이나 더 젊고 지적(知的)이며 미적(美的)인 여인을 아내로 맞았다. 게다가 고액 연금수급자다. 남들이 다 부러워한다고 한다. 행운이다. 완전히 로또 당첨보다 더 큰 행운이라고 부러워한다. 나는 여기서 남녀 중 어느 쪽이 '좋다 나쁘다'를 논하려는 것이 아니다.

남자들이 늦바람이 나면 용마루가 날아간다고 하듯이 70~80대 고령자 중에 꽃뱀한테 걸려 거액을 갈취당하는 사건을 심심치 않게 보게 된다. 그런 이들은 대부분 독신 고령자다. 그런데 요즘은 외도의 비율이 역전되었다는 말이 나온다. 여자들의 외도가 남자보다 많다는 말이다. 여자도 이제 자신의 몸이 원하는 걸 차지하고 싶은 것이다. 사회적 관습에 묶여 자신의 욕망을 숨기고 싶지 않다. 자신에게 솔직한 것이다. 그게 섹스고 인간이다. 섹스는 즐겁다. 인간이 느낄 수 있는 오감(五感) 중에서 가장 황홀하고 강렬하다. 그런 섹스를 좀 더 강하게 좀 더 황홀하게 느끼고 즐기기 위해 일부 사람들은 일탈하고 범법행위까지 서슴지 않는다.

섹스를 둘러싼 여러 가지 일들이 벌어지고 있다. 최고의 지성인들이 스와핑(부부교환 섹스)을 하고 또 일부 사람들은 마약의 환각 상태에서 섹스를 즐긴다. 좀 더 강렬한 쾌감을 느끼기 위해서다. 그것을 비난하는 사람 중에도 기회가 주어지면 언제든지 행동으로 옮길 수 있는 사람은 많다. 인간은 천 개의 가면(persona)을 갖고 산다. 예외가 없다. 명예, 물질, 이성(異性)에 있어서 '나는 아니다.'라고 할 수 있는 사람이 과연 이 세상에서 얼마나 될까? 특히 섹스에서 벗어날 수 있는 사람이 얼마나 될 수 있을지….

7. 불량 노인이 되자

노인들은 죽음이 가까이 와 있다는 점에서 젊은이들과는 다른 사회 문제적, 심리적 상황에 놓여 있다. 생의 종결인 죽음이다. 그 앞에서 정상을 유지하는 이성(理性)은 흔치 않다. 다시 말해 웬만한 지성으로는 죽음 앞에 선 자신을 보며 평정심을 유지하기가 어렵다. 엘리아스가 밝힌 바로는 노인들이 이상한 행동을 보이는 것은 점차 허약해지고 독립성을 잃어가는 것, 자기 통제력을 잃어가는 것에 대한 두려움에 있다.[20]

노인들은 그 두려움에서 벗어나 기존의 질서로 회귀하고자 누군가의 따뜻한 위로와 관심을 원한다. 비록 얼마 남지 않은

---

20   노베르트 엘리아스, 김수정 옮김. 『죽어가는 자의 고독』, 문학동네, 1998, 91쪽.

노년의 시기지만, 인간의 따스한 온기를 느끼며 행복하게 살
다 가고 싶다.

"불량 노인이 되라!"
일본의 정형외과 의사이자 유명한 작가이기도 한 와타나베
준이치(渡辺淳一)가 한 말이다. 노년기를 즐겁게 지내려면 불
량해져야 한다는 말이다. 지금까지는 나이를 먹으면 집에서
조용히 은거(隱居)하는 것을 미덕으로 여겼다. 그래야만 사회
로부터 어른 대접을 받았다. 그러나 이제 그런 문화는 바뀌어
야 한다. 노년기를 더 건강하고 행복하게 영위하기 위해서는
적극적으로 즐겨야 한다고 역설한다. 노년에 체면이나 따지
고 남의 이목만을 의식하고 이성적 사고로 냉철하게 처신하
다 보면 즐겨야 할 세월은 다 지나가고 만다. 본래 이성(理性)
은 찬 것이고 섹스는 따뜻한 정(精)의 세계이다. 지나친 이성
(理性)은 섹스의 적이라는 말이다. 적당히 즐기며 사는 것이
건강에 유익하고 장수하는 비결이라고 그는 말한다.

와타나베 준이치 뿐만 아니라 여러 현인도 노인들에 지대
한 관심을 두고 '늙음'에 대한 견해를 밝힌 바 있다. 박범신 작
가의 〈은교〉에서 노 교수가 말했듯이 늙음이란 노인들의 잘
못으로 받은 벌이 아니다. 다만 '우리가 걸어가야 할 인생의

길을 먼저 지나온[21] 것뿐이다. 그러므로 우리는 앞으로 겪게 될 삶이 어떠할지 그들에게 배울 필요가 있다. 자기 발전을 위한 해방과 영혼을 성숙하게 하는 시기에 든 노인들의 삶을 찬미해야 한다.

노인들이여, 뒷방에 웅크려 있지 말고 남아 있는 삶을 어떻게 보낼지를 선택하고 움직여라. 가장 하고 싶은 게 무엇인지 떠올려보라. 그리고 곧바로 행동하라. 예순의 나이에도 여섯 살짜리 아이처럼 자랄 수 있다. 노년기는 자기 발전과 해방, 영혼의 성숙을 위한[22] 시간이란 걸 명심하자.

자, 지금부터 불량 노인이 되는 거다!

---

21   소크라테스, 플라톤의 〈공화국〉, 「행복의 조건」, P. 35.
22   게이 게이어 루스, 「제 2의 삶」, 1979.

<불량 노인이 되기 위한 명상>

· 인생의 마지막 순간은 예상보다 빨리 찾아오기에, 되도록
  일찍부터 삶을 즐기며 많이 웃고 울어야 합니다.
  이것을 깨닫는 것이 진정한 아름다움입니다.

_린 헬턴

· 모든 순간은, 그렇게 여기고자 하는 이에게는, 금빛으로 빛
  난다. 세상이 온통 죽음으로 가득 차 있다 해도, 삶은 모든
  순간이며 바로 지금이다.

_헨리 밀러

· 가장 큰 비극은 죽음이 아니기에 죽음을 두려워할 필요는
  없다. 우리에게 가장 큰 비극은 살아 있는 동안 충분히 삶
  을 누리지 못한다는 것이다.

_노먼 커슨즈

· 지혜로운 사람은 살 수 있는 시간만큼이 아니라 살아야 할 시간만큼 산다. 우리는 양의 관점이 아니라 질의 관점에서 삶을 생각해야 한다. 삶을 누리는 방법을 알 때 우리는 오래 살 수 있다.

_세네카, 『서간집』, A.D. 60.

· 늙어가는 사람만큼 인생을 사랑하는 사람은 없다.

_소포클래스

· 젊은이는 용모가, 노인은 마음씨가 예쁘다.

_스웨덴 속담

8. 가을을 타는 노인

　가을이 깊어지면 스산한 분위기가 완연하여 저물녘엔 한결
더 쓸쓸하다. 가을이 깊어가면서 외로움도 깊어진다. 기온 변
화에 따라 인간의 생체 리듬 또한 변화가 일어난다. 심리치료
연구자인 제드 다이아몬드에 따르면 일조량이 줄어들고 기온
이 낮아지면 노르에피네프린과 세로토닌같이 활동적인 시기
에 만들어지는 신경전달물질의 분비가 감소한다. 그 때문에
가을이 되면 심신이 가라앉는 듯한 느낌이 들고 차분함을 지
나 우울해지기까지 한다. 남녀 모두에게 동일하게 일어나는
현상이다.

　물론 개인차가 있지만, 날씨에 대한 반응은 남자와 여자가
다르다. 심리학자 A. G. 반스톤에 따르면 여자들이 날씨나
온도에 비교적 덜 민감한 편이다. 반면에 날씨가 스산해지고
추워지면 남자들은 이에 민감하게 영향을 받는다. 일할 욕구
가 떨어지고 뭔가 다른 소일거리를 찾고자 한다.

　찬바람이 불면 자신감을 잃고 초조해져 여름에서 가을로의
변화에 남자들은 흔들린다. 낮 시간이 짧아지고 자연광선을
쬐는 시간이 점점 줄어든다. 비타민 D는 햇빛을 받으면 만들
어지는데 남성호르몬인 테스토스테론이 분비되도록 조절하는

기능을 한다. 햇빛이 부족하고 야외 활동이 줄어들면서 남자들이 받는 스트레스는 늘어나고 초조함이나 불안감은 증가한다. 이러한 증상들은 늦가을부터 초봄까지 이어진다. 이 시기 테스토스테론의 분비 감소는 남자들의 몸과 마음에 여러 가지로 영향을 미친다.

우선 남자들은 무기력해진다. 테스토스테론 수치가 낮아지면서 남자들은 활기가 떨어지고 성욕이 감소한다. 테스토스테론은 다른 사람과의 경쟁과도 관련이 있다. 경쟁에서 이기게 되면 급격히 증가하기도 하고 지게 되면 반대로 그 수치가 내려가기도 한다. 수치가 낮아지면 남자들은 테스토스테론이 주는 행복감을 누리지 못한 채 좌절감에 빠지고 억제 욕구가 증가한다. 이처럼 자기가 원하는 것을 제대로 얻지 못하면서 남자들은 통제력을 잃고 자아 모멸감에 시달린다.

남자의 테스토스테론 수치가 15분마다 갑자기 급강하할 경우 신체적, 감정적 변화가 일어난다. 활기 저하나 분노 같은 부정적인 기분, 요통, 불면증, 두통 등 여자의 월경 전 증상을 남자들도 느낀다는 것이다. 스트레스가 계속되거나 자아존중이 위협받을 때에도 테스토스테론 수치가 낮아지며 이 역시 유사한 현상을 일으킨다. 사실 나이가 많을수록 이런 주기 변동이 심해진다.

이렇게 남자들도 호르몬 주기에 따라 영향을 받는데 이에 대한 인정을 받지 못한다. 이는 본인 자신도 인정하고 싶지 않은 현상이다. 오히려 거부감이 크다. 조지타운대 에스텔 라미 교수에 의하면 어릴 때부터 습득된 "남자는 강인해야 한다."는 학습화된 관념 때문이란다. 이 때문에 남자들은 자신에게 호르몬 주기가 있음을 부인하고 좀처럼 느끼려 하지 않는다는 것이다. 자신의 신체 리듬과 소통하지 못하는 남자들은 어떻게 해서든 이를 회피하려 하므로 결국 폭발해버릴 때까지 자기 안에 존재하는 속삭임에 귀 기울이지 않는다. 불행히도 남자들은 자신의 내적 고통에 덜 민감하고 우울함이나 고통을 표현하고 처리하는 것이 낯설다.

한 연구에서 우울증을 앓은 적이 있는 사람들에게 세로토닌을 차단하는 물질을 탄 음료를 마시게 하고 이들의 뇌 활동을 촬영했다. 그 결과 세로토닌 감소가 뇌의 주요 영역에 영향을 미쳤다. 그런데 남자와 여자의 반응이 각기 달랐다. 여자는 자신의 울적한 기분을 다른 사람과 공유하려는 경향이 있었다. 반면 남자는 다른 사람들로부터 은둔하여 알코올에 의존하며 고통스러운 기분에서 벗어나려 했다. 이것이 지속될 때 만성적으로 분노를 표출하기도 한다.[23]

---

23 동아일보. 2011년 10월 29일 A26면 오피니언(곽금주, 서울대 심리학과 교수)

그리스 사람들은 사랑의 종류를 대별하여 네 가지로 분류한다. 신에 대한 사랑을 말할 때는 아가페(agape), 부모가 자식을 사랑하는 혈육을 말할 때는 스토르게(storge), 우정을 말할 때는 필리아(philia) 그리고 가장 널리 쓰이고 가장 강력하게 느끼는 이성간의 사랑이 에로스(eros)다. 이 에로스는 다른 어떤 사랑보다도 강력하여 서로 사랑이 깊어지면 그 사랑을 위하여 목숨을 걸 수도 있는 것이다.

에로스의 사랑은 서로가 상대의 살을 뚫고 들어갈 수 있는 정도이니까 더 이상의 표현을 필요로 하지 않는다. 바로 이러한 상대의 사랑을 주고받을 사람이 이 세상어 존재하지 않을 때 우리는 인생의 허무감을 느끼게 된다.

그것이 살아갈 가치가 없다고 느껴지면 고독과 싸우다 자살로 이어진다. 특히 쓸쓸한 나날을 살아가는 노인들이 이런 감정에 가장 약하다.

2014년도 10월도 며칠 남지 않았다. 곧 곱게 물드는 단풍의 계절 가을이고 가을이 지나면 혹한의 겨울이 올 것이다. 또한(恨) 맺힌 한해가 가게 될 것이다. 다시 새봄을 맞게 된다는 보장이 없다. 노인들의 불안하고 초조한 나날은 오늘도 이렇게 흘러가고 있다.

남자들은 가을을 타지만 노인남자들은 더 힘들다. 본래 남자란 약한 생물이라고 한다. 그래서 여성노인들은 아무렇지도 않을 수 있겠지만 남자 노인들은 유난히도 가을이 쓸쓸하다. 혼자 있으면 눈물이 핑 돌 정도로 서럽다. 누구와 같이 있고 싶고 따뜻한 대화를 나누고 싶고……. 노인들이 그토록 싫어하는 가을이지만 올해도 어김없이 쓸쓸한 가을이 다가오고 있다.

9. 텅 빈 방에 룸메이트를!

외로움에 몸서리를 친다면 장수가 무슨 소용이겠는가. 오래 산다는 일이 때로는 치욕으로 다가온다. 고령화 사회가 진행됨에 따라 몸과 마음을 의지할 대상을 찾는 노인들이 많아졌다. 대부분 외로운 탓에 함께 할 누군가가 필요하다. 그런데 이러저러한 이유로 가정을 꾸리려는 짝을 찾기가 힘들다. 이러한 현상은 비단 우리나라 노인들에게만 국한되는 사항은 아니다.

독일에서는 노인끼리 생활하는 '공동 아파트'가 오래전부터 운영된다고 한다. 12일 ABC 방송 인터넷사이트에 따르면 공동 아파트는 독일 전역에 200여 개가 있으며, 아는 사람들끼리 뭉쳐 살거나 룸메이트를 구한다는 입소문을 듣고 함께 살게 되는 경우가 많단다. 독일의 드레스덴에 사는 아니타 슈미트 씨는 공동주택용으로 개조한 8층 건물에서 다른 노인 4명과 함께 산다. 각자 방에는 작은 부엌이 있그 공동 부엌에서는 1주일에 한 번씩 함께 음식을 먹고 어울려 여행도 다닌다고 한다.[24]

이렇듯 노인들은 나이가 지긋함에도 왜 룸메이트나 비슷한 또래들과 모여 사는 공동 아파트를 찾아 나서는 걸까? 이러한 현상을 생존과 번식에 의한 진화로 설명할 수 있다. 다윈은 진화를 생존을 위한 진화와 번식을 위한 진화로 구분했는데, 후자를 자웅선택이라 했다. 생존으로의 진화인 자연선택은 한 개인과 주변 환경 간의 상호적응에 작용하지만, 자웅선택은 같은 종 안에서 짝에 대한 경쟁에서 비롯된다.

자웅선택의 요점은 남성과 여성에서 서로 다른 형질들이 진화했다는 것이며, 두 성 모두 서로의 이러한 형질을 선호한다는 것을 나타낸다. 적절한 선택이라 불리는 과정에서 인간

---

24 조선일보. 2005년 4월 14일. 국제면.

은 그들과 비슷한 짝을 선택하는 경향이 있다. 거리를 걷다 보면 적절한 선택을 볼 수 있는데, 대부분의 커플이 신체적 모습에서 좋은 조화를 이룬다. 이러한 방식으로 자웅선택은 인간에게 새로운 것에 대한 욕망과 평가에 눈을 뜨게 했다.[25]

노인들은 또래 집단과 어울리려는 경향이 짙다. 소위 말하는 유유상종이다. 그 이유는 배우자와 사별 후에 느끼는 외로움의 대처방안이 될 수 있기 때문이다. 또한, 자녀와의 별거가 자존감과 권위를 지켜주고 스트레스도 낮출 수 있다. 이는 생존을 위한 진화로써 자연선택일 뿐이다.

사실 노인들은 재혼하기를 소망하지만, 초혼과 달리 제약 조건이 많아 포기하는 경우가 많다. 특히 주변의 편견이 만만치 않다. 그리고 재산 문제나 경제적 부담감에 따른 자녀들의 반대도 커다란 걸림돌이다.

외국 특히 유럽의 여러 나라에서는 독신자들이 남녀를 불문하고 하루 또는 일정 기간을 같이 지낼 파트너를 구하는 광고가 요란할 정도로 활발하다. 자신의 사진과 함께 체형, 취미, 원하는 상대와 프로필을 자세히 소개하면서 당당하게 파트너를 구하고 사회는 이를 자연스럽게 받아들인다. 아시아의 여러 나라에서도 비슷한 현상이 오래전부터 유행하여 그

---

25 권준수 옮김, 같은 책. pp. 331~334

런 문화가 뿌리를 내리고 있다.

호주에서는 마트에서 파트타임으로 일을 하는 노인 여성들이 싱글 남성들을 보면 파트너가 되어 달라고 신청을 하는 정도라고 한다. 우리나라 고령자들 입장에서 보면 부럽기 한이 없는 일이고 꿈같은 일이다.

우리나라에서도 또래들과 어울리는 문화가 점차 늘어나고 있다. 그러나 아직도 동거는 비밀리에 하는 경향이 짙다. 동거는 특히 노인들의 동거는 사회적 규범의 일탈로 인식되고 있는 탓이다. 그때문에 공동아파트를 선호하는 사람들이 있다. 같이 모여 살다 보면 아플 때 돌봐주면서 가족애가 생겨나고 취미나 종교를 공통 관심사로 공유함으로써 친밀감을 형성할 수 있다. 이런 동료의식이 심리적 안정을 가져다줌은 자명하다.

또래들과 어울리려는 노인들의 성향은 자유선택에 의한 동거가 아닌 그들 나름대로 노년의 외로움을 극복하면서 만족스러운 여생을 보내기 위한 진화 차원에서의 선택이다. 아직은 미미한 초기 단계이지만 우리나라의 지방자치 단체가 이 일에 앞장서기 시작한 것은 다행한 일이다.

10. 섹스하면 장수한다.

30분 정도 성관계를 하면 대략 300~400kcal의 에너지가 소모된다. 이것은 보통 4km를 달리는 운동량과 맞먹으며, 중년의 경우에는 8km를 달릴 때의 운동량과 맞먹는다. 섹스는 삶의 질을 업그레이드시킨다. 섹스를 즐기는 동안 노화방지 물질인 DHEA가 자연적으로 분비되는데, 오르가슴과 사정 직전에는 그 혈중농도가 평소의 5배 정도까지 상승한다. 섹스 중에 방출된 남성의 정액이 여성 골반 내로 흡수되면 면역력을 증가시킨다는 연구결과도 있다. 남성의 경우 전립선에서 정액이 배출되면 고환에서 1억 마리 정도의 정자가 나와 전립선염을 없애주고 몸 안에 있는 나쁜 독성물질도 함께 사라진다.

활발한 성생활은 건강을 증진해 사망률을 떨어뜨린다는 주장이 있다. 호주의 성 치료 전문가인 로지 킹 박사가 10년간 연구한 결과로는 일주일에 두 번 섹스하는 사람의 사망률이 한 달에 한 번 섹스하는 사람의 절반밖에 안 된다. 또한, 이혼한 사람의 경우 그렇지 않은 사람보다 더 자주 앓아눕고 병원 출입도 잦다. 성관계를 아예 갖지 않거나 소극적일 경우 여성은 사망률이 50~150%, 남성은 100~300%나 높아질 수 있다.

이쯤 되면 젊은 사람이나 노인이나 할 것 없이 결혼과 섹스를 중단할 이유가 없다. 아니, 꼭 해야 하는 행위이다.

섹스가 수명에 미치는 영향을 조사한 한 연구 결과에 따르면, 정상적인 섹스를 하는 남자의 경우 이혼이나 미혼자의 경우보다 평균 10년, 사별한 남자보다는 18년 이상을 더 사는 것으로 나타났다. 또 여성의 경우, 이혼자보다는 8년, 미혼자보다는 10년, 사별한 사람보다는 25년을 더 장수한다고 한다.

운동선수의 경우 특히, 섹스가 경기력을 저하한다는 생각 때문에 섹스를 꺼리는 경향이 많다. 하지만 이탈리아 라킬라 대학 임마누엘 안닌 교수는 과학 잡지 〈뉴 사이언티스트 매거진〉에서 운동선수의 성생활이 경기력 향상에 절대적으로 기여한다는 내용의 연구 결과를 발표했다. 섹스 후에 분비되는 남성호르몬 테스토스테론이 선수의 심리상태를 고양하여 실전에서 공격적인 성향을 이끌어낸다는 것이다.[26]

어떤 사람이 빨리 죽고 쉽게 늙는지에 대해 미국의 한 생명보험회사가 조사했다. 그 결과 배우자가 있어 부부생활을 하는 사람보다 독신자의 사망률이 월등히 높았다. 더욱이 60세

26　박원기 지음, 치마 속 행복 찾기, 2007년 4월, 서울, 유나미디어, pp. 27~29

이상 된 노부부의 경우 배우자가 죽으면 한쪽은 대개 2년을 넘기지 못하고 세상을 떠나는 경향을 보였다.[27]

  옛 소련의 장수연구 위원회에서는 수천 명의 대상자를 연구 분석한 결과 60세까지 성생활을 꾸준히 해온 사람들은 8~10년 수명이 더 길었다. 또 60에서 80세 사이에는 성호르몬의 양과 성욕이 줄어들지만, 오히려 80세가 지난 뒤에는 성호르몬의 양과 성욕이 증가하여 90세에 이르러서는 50세 안팎의 수준으로 회복됐다. 이 시기에 한 달 이상 성욕을 억제하면 도리어 건강에 나쁜 영향을 주었다. 그리고 70%가 관계를 맺은 다음 4~6시간 지나면 관절통이 감소했다.[28]

  "이 나이에 무슨 섹스야."라는 식의 체념과 정신적 패배의식이 생명을 갉아먹는 독소라는 걸 기억하라. 장수하고 싶거든 성 본능에 충실하라.

  필자의 주변에 능력 있는 노인 중에는 정말 부러울 만큼 멋지게 사는 사람들이 꽤 있다. 젊은 시절 피나는 노력을 했고 운도 따라줘서 자녀들이 성공하여 걱정이 없고 본인들도 자

---

27 임춘식 지음. 성은 늙지 않는다. 2008년 9월. 서울. 동아일보. pp. 106~109
28 임춘식 같은 책. p. 139

력으로 노후를 보내는 분들이다. 그들은 감히 젊은이들이 흉내도 못 내리 만치 섹스를 즐기고 있다. 딸 같은 젊은 여성과 재혼한 사람도 있어 주위의 부러움을 사고 있다.

(본부인과 사별한 95~96세의 초고령 노인이 35~36세의 손녀딸 같은 젊은 여성과 재혼하여 노년을 행복하게 살고 있는데 성적으로 부부가 만족하다고 들었다.)

연애를 해도 세련되고 고급스럽게 하는 분들도 있다. 그 사람들의 생활 모습을 보면 언제나 정신적으로 여유가 있고 활기차며 매사에 긍정적이다. 피부는 항상 윤기가 나고 무엇이든 자신감에 넘쳐 있다. 물론 그들은 경제적으로 사회적으로 상류사회에 있는 사람들이다.

공장에 생산설비가 아무리 최첨단의 장비로 갖추어졌다 해도 장기간 가동하지 않으면 부식되어 쓸모가 없게 된다. 인체도 마찬가지다. 그중에서도 우리의 뇌와 성기능이 더 그렇다.

섹스하는 사람만 누리는 1%의 특권

1982년 8월 내가 워싱턴 육군 의료센터에서 수련의로 있을 때, 당시 응급탈장 수술을 받았던 제시 할아버지를 나는 아주 생생하게 기억한다. 100살이 넘은 노인이 30년은 젊은 사람처럼 말하고 행동했기 때문이다.

할아버지의 이야기가 재미있기도 했지만 나는 할아버지의

장수와 행복의 비밀이 알고 싶었다.

병원에서 맞이한 할아버지의 백 번째 생일은 나름대로 꽤 큰 이벤트였다. 그 이벤트는 할아버지보다 서른 살이나 어린 할머니께서 간호사들과 함께 준비했다. 할머니는 할아버지의 두 번째 부인이었는데 두 분은 서로를 아주 사랑했고 곧잘 장난도 치셨다. 물론 육체적으로도 그랬다. 분명 두 분 사이는 여전히 뜨거웠다.

"백 살까지 사는 비밀을 알고 싶지 않나? 마누라와 몸을 섞을 기회를 절대 놓치지 말게나."

나는 할아버지를 한 번 안아드리고는 이렇게 말했다.

"감사합니다. 앞으로 다가올 세월에 대한 희망을 주셨어요."

우리는 왜 섹스를 생각할까? 섹스는 왜 수많은 대화의 주제가 될까? 과학적 관점에서 보면 답은 간단하다. 우리 종이 생존하는데 필요한 모든 본능적 욕구들 가운데 성욕이 가장 중요하기 때문이다. 섹스는 가장 강력한 행동 동기 중 하나이다.

그런 관점에서 볼 때 성을 표현하고 싶어하는 욕구는 건전하다. 건강하고 만족스러운 성생활은 개인적으로도 중요하지만, 낭만적인 관계를 건강하게 유지하는 데에도 중요하다.

척은 20년 동안 속궁합이 아주 안 좋은 상대와 살고 있었다. 십중팔구는 성관계를 거절당하곤 했다. 책을 읽다 잠이 든 그날 새벽 3시에 척은 극심한 흉통으로 깨어났다. 다음날 문제가 없다는 진단을 받긴 했지만, 그는 뭔가 달라져야 한다는 사실을 알고 있었다. 어떻게 하느냐에 따라 목숨이 오갈 판이었다. 성관계의 거부는 불행히도 남녀모두에게 치명적인 무기이며 관계를 파탄으로 몰고 가는 경우가 잦다. 만약 응징의 도구로 성을 거부하고 있다면 두 가지 사실을 알아야 한다. 첫째, 육체적 사랑을 억누르는 행위는 자신에게도 좋지 않다. 나는 만약 상대방이 이런 연구결과를 알고 있는데도 당신이 섹스를 거부한다면 상대는 당신을 살인미수 혐의로 고소할 수도 있다는 말을 강의에서 자주 한다.

그러나 헌신적으로 상대와 함께 성생활을 진지하게 가꾸면 면역체계가 강화되고 통증이 완화되며 성적, 생식적 건강도 호전되는 등 삶의 질을 높이는 데 도움이 도며 기쁨도 더 크다는 연구결과는 아직 널리 알려지지 않았다. 이런 연구를 보면 성생활이 건전하면 두 가지 주된 사망요인인 심장질환과 암을 예방할 수 있다는 사실까지도 알 수 있다.[29]

---

29   다니엘 G. 에이멘/김승환 역. 사랑할 때 당신의 뇌가 하는일. 2003년 11월. 서울. 크리에디트.
     pp.41~45.

섹스를 일찍 포기한 남자들의 사망률

킨제이 박사는 1940년대에 섹스가 스트레스를 줄여주며 충만한 성생활을 하는 사람들은 근심이 적고 덜 폭력적이며 온순하다는 연구결과를 내놓았다. 육체적인 접촉이 일어나면 옥시토신이라는 호르몬 분비량이 증가하여 신뢰감이 높아지고 만성 스트레스 호르몬인 코티솔 분비는 억제된다.

듀크대학에서는 252명의 피실험자를 25년 동안 추적 조사하여 수명에 영향을 미치는 생활 인자를 조사한 바 있다. 이 연구에서는 섹스 빈도, 과거의 성 유희 양상, 현재의 성 유희 양상이라는 세 가지 인자를 조사했는데 남성의 경우에서는 섹스의 빈도가 큰 여향을 미치는 반면 여성의 경우는 섹스의 빈도보다는 과거의 성 유희에서 얻은 행복한 기억이 장수에 큰 영향을 미치는 것으로 나타났다. 이런 결과는 섹스와 쾌감, 장수 사이에 긍정적인 관계가 있다는 것을 암시한다.

스웨덴의 한 연구에서는 섹스를 일찍 포기한 남성들은 사망률이 높다는 연구결과가 나왔다. 70세 남녀노인 400명을 대상으로 한 이 연구에서는 5년 후의 추적 조사에서 이른 나이에 성생활을 멈춘 남성들의 사망률이 현저히 높게 나타났다.[30]

한편 북아일랜드 퀸즈대학의 연구진은 45~59세 남성 1천여 명을 대상으로 섹스 횟수를 조사하여 빈도가 높은 집단(주

---

30 김승환 옮기. 같은책. pp.45~46

2회 이상 섹스)과 중간 집단, 낮은 집단(월 1회 이하 섹스)으로 분류하고 10년 후 다시 조사를 진행했다. 그 결과 사망에 미치는 모든 원인을 고려했을 때 성생활이 가장 저조했던 집단의 사망률이 섹스 빈도가 높은 집단보다 두 배나 더 높게 나타났다.

정기적인 성적 접촉, 특히 헌신적인 상대와의 섹스는 몸과 뇌를 건강하게 유지하는 데 도움이 된다. 너구 피곤하거나 너무 바쁘다는 핑계로 육체적 사랑을 미루지 말자. 남자와 여자나 건강을 유지하려면 서로의 손길과 눈 맞춤, 친밀한 느낌이 들 때 우리는 더 행복하고 건강할 수 있으며 몸이 아플 위험도 적고, 그로 인해 장수할 기회도 훨씬 커진다.[31]

면역세포를 낳는 섹스

부인과 전문의 더들리 체프먼 박사에 의하면 오르가슴이 면역세포를 20%까지 증가시킨다고 한다. 또 펜실베이니아 윌크스 대학의 심리학자들은 정기적으로 성생활을 하는 사람들은 면역체계의 기능이 우수하고 감기와 독감에 대항하는 면역글로불린A 수치가 그렇지 않은 사람들보다 30% 이상 높다는 사실을 알아냈다.[32]

---

31 위의 책. pp.47~48.
32 김승환 역. 같은책. p. 48.

10년 젊어 보이는 비결은 주 3회

정기적인 오르가슴은 외모를 젊게 만드는 데에도 도움이 된다. 영국 왕립 에딘버러 병원의 임상 신경심리학자인 데이비드 위크스에 의하면 스트레스가 없는 상대끼리 주 3회 이상 섹스를 하면 10년은 더 젊어 보인다고 한다. 위크스 박사는 18~102세 사이의 남녀 3,500명 이상을 연구했다. 그는 젊어 보이는 원인에서 유전자가 차지하는 비중은 25%에 불과하며 나머지는 사람의 행동양식에 따라 달라진다고 했다.

이 실험에서 실제 나이보다 7~12년 이상 젊어 보이는 남녀들을 '슈퍼영(Super Young)' 집단이라 칭했는데, 슈퍼영 집단이 젊음을 유지할 수 있었던 가장 강력한 비결 중 하나는 활발한 성생활이었다. 슈퍼영 집단에 속한 사람들은 매주 최소한 3회 이상 섹스를 즐겼으며 자신의 성적 정체성에 대해서도 확신감이 크고 편안함을 느꼈다.[33]

암을 예방하는 또 다른 방법

호주의 그레이엄 가일즈 박사는 20~50세 사이의 남성의 경우, 사정을 자주 할수록 전립선염에 걸릴 위험이 낮아진다는 연구 결과를 발표했다. 또 영국《국제 비뇨기과 학회》지에 발표된 연구에서는 20대 남성의 경우, 주당 5회 이상 사정을

---

33 위의 책.pp.49~50

하면 전립선암에 걸릴 위험이 1/3까지 줄어들 수 있다는 결과가 나왔다.

학자들은 성적 욕구를 표출하면 옥시토신과 DHEA 분비량이 많아져서 암 발생 위험이 줄어든다고 말한다. 1989년에 나온 연구에서는 출산 경험이 없는 여성의 경우, 성생활 빈도가 증가하면 유방암 발생률이 감소한다는 결과가 나왔다.[34]

11. 카사노바 신드롬

바람둥이, 호색가 하면 얼른 카사노바(1725~1798: 에스파냐계 이탈리아인)와 방탕을 상징하는 돈 후안(유럽 민간 전설의 인물, 훗날 에스파냐의 작가 티르소 데 몰리나의 희곡에서 재탄생된다.)을 떠올릴 것이다. 카사노바가 73세로 세상을 뜨기 전까지 상대한 여성은 무려 천여 명이 넘는다고 전해진다. 그는 10세에서 50세 이상, 수녀에서 하녀에 이르기까지 132명의 다양한 신분의 여성과 관계했다. 수많은 관계에서 그는 자신과 상대하는 여성을 사랑의 감정으로 대했다고 고백했다. 그렇지만 돈 후안은 여성을 정복의 대상으로 생각했다.

굳이 두 인물을 비교할 필요는 없지만 왜 남성들은 카사노

---

34 김승환 역. 같은책. pp.51~52

바 신드롬의 주인공이 되고 싶은 것일까? 여성에게 인정받고 싶은 남성의 마음 탓이다. 그러면서도 남성은 여성이 원하는 것을 헤아리지 않는다. 무작정 밤일만 잘해주면 여성이 행복할 걸로 믿는다. 여성은 과연 그런 단순한 동물이던가?

한국성과학연구소에서 여성을 상대로 조사한 바로는 "매번 할 때마다 똑같고 새로운 것이 없다."가 39.2%로 가장 많았다. "상대의 사정이 빨라 미처 흥분되기 전에 행위가 끝나버린다."가 37.8%로 근소하게 2위를 차지했다. 그다음으로 "성격이 맞지 않는다." "강제로 요구한다." "관계 전 애무가 있었으면 좋겠다." "현재 파트너로 만족하지 않는다." 등이 있었다.

이렇듯 남성의 대부분은 여성에 대한 배려가 없고 어떻게 해야 여성이 성적 만족을 얻는지 고민하지 않는다. 여성들이 가장 싫어하는 섹스가 바로 배려가 없는 섹스다. 여성은 오직 자신의 사정만을 향해 달리는 철없는 마차에 올라타기를 싫어한다. 남성이 꼭 기억할 게 있다. 여성은 조그마한 일에도 감동할 준비가 되어 있다는 점이다. 조금 부족하더라도 배려를 아끼지 않는다면 여성은 충만감으로 뒤늦은 오르가슴에 이르기도 한다.

여성은 힘보다는 감동에 약한 존재다. 카사노바의 품에 안겼던 수많은 여성이 그가 숱한 여성편력을 보이고 애정행각을 벌인 사실을 알고도 그를 원망하지 않고 사랑했던 이유이다. 즉 카사노바는 여성의 심리를 제대로 꿰뚫어서 감동과 오르가슴을 이끌어냈다.

　우리나라에서도 지난해 말 서울 송파경찰서에 노인 카사노바가 붙잡혀 들어오는 사건이 있었다. 노년층을 표적으로 한 카사노바는 165cm의 작은 키에 그다지 잘생기지 않은 외모를 가진 최 모 씨로 알려졌다. 60대 노인인 최 모 씨는 피차 적적한 처지인데 서로 의지하는 사이가 되자며 혼자된 할머니들에게 접근해 5억여 원의 돈을 뜯어냈다. 그는 카사노바가 자서전에 쓴 것처럼
　"여성은 자신이 사랑받고 있으며 소중한 존재라는 사실을 일깨워주는 사람과 사랑에 빠진다. 따라서 여성을 진심으로 사랑하고 그 여성이 얼마나 아름다운 존재인지 일깨워주고 소중하게 대하기만 하면 모든 여성으로부터 사랑받을 수 있다."는 것을 잘 아는 사기꾼이었다.
　이 사건에서 확인할 수 있듯이 혼자된 할머니들이 할아버지 카사노바에게 사기를 당한 건 성적 욕구보다는 사랑받고 있다는 믿음 때문이었다. 여성은 젊으나 늙으나 감동에 약한 존재로 카사노바 신드롬을 부추기는 장본인이다.
　그렇다고 카사노바나 사기꾼 최 모 씨가 여성의 마음만을

헤아리는데 탁월했다고 생각하면 안 된다. 일단 그런 마음의 자세를 가지고 여성을 유혹해야 한다는 것이다.

실전 팁을 몇 가지 소개하고자 한다.

대개는 여자의 가슴이나 허벅지, 다리, 발 등줄기 엉덩이, 머리카락 등을 애무하고 바로 버자이너로 손가락을 집어넣어 여성의 클리토리스나 G. 스폿을 찾아 자극을 주지만 전문가의 조언은 다르다. 또 여성 자신들도 자기의 민감 부분이나 급소가 어딘지 모르는 경우가 많다.

여기서 국제적인 성과학자이며 일본의 성과학회 회원이고 산부인과 원장으로 유명한 송미현(宋美玄 : 女醫 · 성과학자)가 전문가 입장에서 쓴 여성을 즐겁게 하는 애무 방법을 소개해 두고 싶다.

남녀 함께 파트너 신체의 구조를 잘 알 것. 그리고 바른 테크닉을 몸에 익힐 것 ― 이것이야말로 서로에 대한 배려의 표현이며 그것만 안다면 오르가슴은 자연히 찾아온다. 그를 위한 확실한 방법을 함께 배워 가자. 「책 머리에」

애무 방법

전희는 옷을 입은 상태에서 시작해 보지 않겠어요?
복사뼈를 애무하기 시작하여 옷을 하나 벗기고
귓불을 잘근잘근 깨물어 또 하나 벗기고
허벅지를 손가락으로 더듬고 목덜미에 키스한다.
애태우고 약 올려서 그녀의 전신이 화끈하게 달아오르면
속옷을 벗기는 타이밍이다.

『가슴은 별로 느낌이 없어』
그녀가 그렇게 말해도 애무하고 사랑하라.
손으로 살짝 나선을 그리 듯
가슴 앞쪽 가까이 가면 거기에 있는 것은
귀엽고 민감한 젖꼭지.
드디어 눈물이 글썽한 눈으로 당신을 올려다보고
그녀가 조르기 시작할 것이다.
『부탁해요. 젖꼭지를 만져줘』

여성에게 있어서도 마스터베이션은 아주 중요하다.
어디가 느끼는 곳인가? 어떻게 해 줘야 느낄 수 있나?
스스로 물으면서 쾌락과 마주 대할 것.

더욱 잘 '느끼는 신체'로 되는 것이다.

가끔은 마스터베이션을 서로 보여도 자극적.

서로의 몸이 점점 멋진 몸으로 보이게 된다.

그녀의 몸속에 자신을 삽입했을 때

마구잡이로 빠른 동작으로 피스톤 운동을 하는 것은

안타까운 일이다.

당신을 감싼 습곡의 꿈틀거림을

지긋하게 맛보지 않겠습니까?

서로의 가슴의 고동과 뜨거운 호흡에

귀를 기울이는 농밀한 시간.

격한 피스톤 운동 전에 이런 조용한 시간을 보내는 것.

오르가슴도 강렬하고 관능적으로 느낄 수 있다.[35]

남성들이여, 노인들이여, 감동을 주는 사람이 되자. 여자뿐 아니라 세상 모든 사람이 당신을 고귀하게 대할 것이다.

35 宋美玄 著. 女醫が教える本當に氣持ちのいいセックス. 2013年10月. 日本東京ブックマン社. pp.1〜2

성장은 진실로 유년기와 청년기,
그리고 일흔이 넘어서도 계속될 수 있다.
그것은 도전할 만한 목표가 있는 한,
살아 있는 마지막 순간까지도 계속될 수 있다.
요컨대 몇 살이 돼든 우리의 성장은 절대 멈추지 않는다.
우리는 팔십 대 심지어는 구십 대에도 계속 성장할 수 있다.

베티 프리단, 『나이의 생』, 1993.

제4장

노인의 성

생명이 있는 곳에
에로스가 있다.

1. 피부접촉만으로 회춘 효과

노인들은 젊은 여인(비록 그녀들이 직업여성일지라도)들과의 피부접촉만으로도 그녀들의 향기를 느끼고 음기(陰氣)를 흡수함으로써 회춘(回春)한다는 것을 잘 알고 있다. 노인들에게 물기 촉촉하고 광택이 나면서 매끈매끈한 4~50대 초반의 그녀들은 정말 싱그러운 봄날의 꽃봉오리다. 종묘나 종로3가를 찾는 노인들이 다 빈곤한 사람들만 있는 것도 아니고 지식수준이 다 낮은 것도 아니다. 그곳을 찾는 노인 중에는 여유 있는 생활을 할 정도의 경제력과 상당한 지성을 갖춘 노인도 가끔 있다.

그러나 역시 대다수는 지식수준이 낮고 빈곤층이다. 평소에 목욕을 안 하고 다니거나 생활환경 상 목욕을 못하고 다니는 사람들도 찾아온다. 그래도 그 시간만큼은 그런 게 문제가 되지 않는다. 살이 살을 뚫고 들어가 살이 살을 짓 이길 때 거기서 나오는 온갖 화학물질(호르몬)은 인간의 뇌를 마비시킬 만큼 황홀하다. 미치지 않는 것이 다행이다. 그것이 남녀이고 섹스다. 그 황홀감은 평등하다. 부자와 빈자가, 지식인과 못 배운 사람이 적어도 그 시간만큼은 차별이 없다. 빈 공간에서 페니스와 버자이너는 일단 만나면 얼싸안고 춤을 추며 승자도 패자도 없는 불을 뿜는 격전을 벌인다. 그 둘은 이 세상 어떤 이의 눈치도 보지 않으며 불타는 시선을 주고받으며 달궈진 육체를 마찰하면 그 몸은 불타버릴 것 같은 황홀감에 휩싸일 수밖에 없다. 얼마나 감동적인가? 미치지 않고는 못 배길 쾌감! 신기하고 다행한 일이다. 그럴 수 있게 만들어준 신에게 감사할 뿐이다.

· **사례 1**

김현석 씨(86, 남, 가명)는 수원에 거주한다. 그가 박카스 아줌마로 불리는 그녀들을 찾아 종로삼가(종삼)를 처음 찾은 것은 5년 전인 81세 때다. 늦은 가을인 11월 초의 어느 날, 겨울을 재촉하는 차가운 비가 세차게 내렸다. 그런 날 80이 넘은 나이에 홀로 그 큰 집에서 시간을 보내는 것은 감당할 수 없는 외로움이었다.

얼마나 망설였는지 모른다. 그러나 용기를 내었다. 서울행 전철을 탔다. 종삼에 도착한 시간은 오후 1시가 넘어가고 있었다. 일단 점심을 해결해야 했다. 가까운 식당에서 식사를 끝내고 종삼역 안으로 들어가 상황을 살폈다. 자기와 비슷한 노인들이 많이 나와 여기 저기 무리 지어 앉아 잡담을 하고 있었다. 그는 한쪽에 서서 박카스 아줌마들의 동정을 살폈다.

각양각색의 얼굴 모습, 차림새, 체형(體形), 신장(身長),

피부의 색깔 등을 살펴보고 있는데 어느 젊은 여인이 다가와 말을 건다. 힐끗 보니 미인이다. 다시 눈을 크게 뜨고 바라봤다. 역시 미인이었다. 지하 조명 탓인지 나이는 40대 전반 정도로 보였고, 신장은 1m 63~64cm 정도로 보였으며 눈이 시원하게 컸다. 피부의 색깔은 엷은 우윳빛으로 몸이 투시(透視)될 것 같다. 아름다웠다. 입이 쩍 벌어질 정도로.

게다가 가슴은 한창 부풀어 오른 20대 중반의 처녀 가슴을 능가할 정도로……. 허기진 사람은 모든 음식이 맛있듯이……. 돌출돼 있었고 손은 공주(公主)의 손을 방불케 하는 섬섬옥수(纖纖玉手)였다. 그런데 이 여자, 지금 나한테 말을 걸었나? 직업여성 맞아? 정신을 가다듬고 다시 살피며 확인했다. 확실했다. 일단 화대(花代)에 관해 물었다. 소위 말하는 숏 타임에 30,000원이라고 했다. 듣던 대로였다. 그에게는 부담 가는 금액이 아니었다.

그는 그녀를 따라갔다. 단성사 옆 골목 어느 여관 3층으로 올라갔다. 방문을 열고 들어서는데 작은 요가 깔렸고 옆에는 장식장이 놓여 있다. 그 위에 수건이 갖춰져 있고 휴지 등 행위가 끝나면 처리할 수 있는 몇 가지의 물건들이 있었다.

일제강점기 때 널리 활용되던 대좌부(貸座敷). 즉 그녀가 여관주인에게 일정한 금액을 주고 그 방을 빌려 사용하는 것이다. 대좌부란, 말 그대로 자리를 깔아 놓은 곳을 빌린다는 뜻이니 방을 빌린다는 의미이다.

넓은 집에 사는 그로서는 좁은 장소가 다소 불편했지만 달리 방법이 없어 그녀가 권하는 대로 우선 양치질을 하고 옷을 벗고 누웠다. 그녀에게 이해와 협조를 구하고 만약의 경우를 대비하여 비아그라 50mm 한 알을 복용했다. 효과가 있었다. 그녀는 자극을 주기 시작했고 몸에 반응이 오기 시작했다.

처음에는 과연 행위가 가능할까 하는 염려도 있었지만 의외로 약효가 그런 기우(杞憂)를 말끔히 불식시켰다. 당시 48세인 그 여인의 몸은 농익은 30대 중반의 여성을 능가할 정도로 젊었다.

옷을 입은 상태에서도 아름다웠지만 벗겨놓은 그녀의 몸은 정말 아름다웠다. 물기 먹은 듯 윤기 있는 피부는 매끄럽고 탄력이 넘쳤다.

건들면 금방이라도 터질 듯이 부풀어 오른 큰 유방은 눈이 시릴 정도였고 그녀의 젖꼭지는 앵두의 선홍빛이 남아 있었다. 도톰하게 벌어진 그녀의 입술은 더욱 현석 씨의 마음을 끌었고, 서구여성처럼 시원스럽게 큰 눈은 호수같이 맑으면서도 별같이 빛나고 있었다.

윤기 있고 새까만 머리, 오뚝한 코, 가늘지 않으면서도 적당히 긴 목, 30대 중반이 부러워할 S라인의 허리, 늘씬한 양다리, 부유한 가정부인들이나 관리했을 법한 발가락의 손질, 계란모양의 발뒤꿈치 어디 하나 부족한 데가 없었다. 배꼽 모양마저 예쁘게 생겼는가 하면 이어지는 하체(下體)는 온통 예술품이었다. 그녀의 비소(秘所)는 적당히 솟아있는 산세(山勢)의 무성한 숲이었다. 청결했다. 상쾌하기 이를 데 없는 향기(香氣)가 풍겼고 마침내 숲 속을 헤치고 들어가 찾아낸 그녀의 동산, 그곳의 모양이 너무 아름다워 정신을 잃을 뻔했다.

80대의 그로서는 그녀가 풍기는 체취(향기)만 맡아도 벌써 사정할 지경이었다. 더 이상은 시간을 끌 수 없어 전희작업에 들어갔다. 그러나 수많은 남자의 몸을 다뤄 봤고 서비스에 도가 튼 그녀에게 그의 낡은 전희술(前戲術)은 초라하기 그지없었다.

그녀는 예의 바르게 자신이 리드를 하면서 자기의 급소(急所)를 가르쳐 주면서 작업을 시작했다. 자신은 유두(乳頭), 귓불, 목 등이 예민하고 발바닥도 좋다고 했다. 물론 클리토리스나 G.스팟은 급소 중의 급소임도 알려 주었다. 80대 고령의 사나이는 황송하리만큼 젊고 아리따운 여성을 즐기기 위해 그녀의 표정을 살피면서 열심히 손을 놀렸다. 몸을 내어주는 건 그녀고 그녀를 즐겁게 해줄 수 있는 건 자신이다. 그녀의 신체 리듬에 따라 그의 몸에는 주체 못할 강렬함이 찾아왔다.

비록 고령이긴 해도 그는 명검(名劍)의 소유자다. 젊은 시절엔 천하무적이라 여겼었다. 명검은 아직 녹슬지 않았다. 그녀 역시 명기(名器)의 소유자다. 그래서 그녀 역시 가정부인으로서는 살아갈 수 없는 사주팔자인지도 모른다. 그녀는 직업여성이기는 해도 마음에 드는 상대가 오면 자신도 같이 즐긴다고 했다. 명검과 명기가 만났다. 흐드러진 육박전이 한판 벌어지는 순간이다. 어떻게 만났건 일단 좁은 공간에서 남녀가 만나 사건을 벌이다 보면 적어도 그 시간만은 바깥세상과 단절이다. 문밖의 일은 나 몰라다. 오로지 그 일에만 몰두하여 치르는 것이 정사다. 그게 바로 섹스다. 섹스에 미치다 보면 다른 것은 아무것도 보이지도 않고 생각도 나지 않는다. 신이 그 모양으로 만들어 놓았으니 어쩔 수가 없다. 그들은 눈앞의 본능에 충실했다.

얼마나 시간이 흘렀을까? 드디어 그녀의 몸이 반응을 보이기 시작했다. 숨소리는 거칠어지기 시작했고 몸에 열기(熱氣)가 돌았으며 얼굴은 소녀처럼 홍조를 띠었다. 용기를 얻은 그는 최대한의 기교를 발휘했다. 이제 그녀는

"아!" 하는 신음을 내며 몸을 뒤틀기 시작한다. 막상 본 작업에 들어가려니 80대의 고령인 데다가 여성을 안아본 지가 너무 오래여서 자꾸 주저하게 된다. 눈치 빠른 그녀는 "나무 막대기처럼 뻣뻣한 것만이 남자의 도구는 아니다. 섹스에도 맛이 있는 것이기 때문에 그 맛있는 섹스를 할 줄 아는 것을 터득하는 것이 중요한 것"이라며 한껏 용기를 북돋아 주었다.

이곳에 오기 전에 남성클리닉에 찾아가 체크한 바 아직은 남성호르몬(테스토스테론) 수치가 정상이라는 진단도 받은 바 있고 타고 난 정력가라는 것을 평소의 자랑으로 내세웠던 그였다. 만약의 경우를 대비하여 비아그라까지 복용했다. 어느새 그의 페니스는 자신이 생각해도 놀라울 정도로 팽창되었고 강직도가 젊은 시절 못지않았다. 그녀의 흥분도 고조되었다. 그는 이 분위기와 몸의 상태가 흐트러지기 전에 그녀가 말 한대로 맛있는 섹스를 하기 위해 본 작업에 돌입했다. 그녀의 버자이너는 페니스가 들어가기에 충분할 정도로 젖어 있었다. 입구에 대고 몇 차례 자맥질을 해 보았다. 그녀는 숨 가쁘게 신음을 내며 몸을 뒤틀기 시작했다. 몇 번의 자맥질 끝에 드디어 삽입을 했다.

그 순간! 깜짝 놀랐다. 버자이너에 페니스가 닿는 순간 마치 블랙홀로 빨려 들어가는 것처럼 그 자신이 다 빨려 들어가는 것 같은 착각이 들었다. 그녀의 질육(膣肉)은 튼튼했고 강한 흡인력을 갖고 있었다. 그것만으로도 까무러칠 정도로 황홀했다. 정신을 바싹 차려 육봉(肉峰)질을 하기 시작했다. 성병 때문에 콘돔을 착용했음에도 직접 살끼리 마찰을 하는 것처럼 감미로웠다. 그 촉감의 맛을 무어라 표현할 수가 없었다. 그는 천정이 빙빙 돌고 다리가 휘청거릴 정도로 강렬한 전율을 느꼈다. 여자를 안아본 지가 얼마 만인가? 아내가 살아있을 때도 욕구를 해소하는 문제에 대해 소홀했었는데 이날은 실로 감격스러웠다.

그런데 더욱 놀라운 것은 피스톤 운동을 하는 도중 그녀가 중간중간 수축(收縮)을 하는데 수축력의 강도가 껍질을 벗기지 않은 바나나를 집어넣고 꽉 조이면 껍질째 끊어질 수 있다더니 정말 그 정도다. 지금까지 경험해 보지 못했던 섹스의 맛이다. 무아의 경지에서 사정(射精)을 늦추기 위해 속도를 조절하면서 피스톤 운동을 서서히 계속했다. 80대의 달인들은 한 번 삽입 후 사정하지 않고 5시간 이상을 하는 사람들이 많다는 얘기를 들은 그는 그 정도는 못 되더라도 1시간 정도는 유지하고 싶었다. 그러나 그것이 그리 쉽지 않았다. 너무 오래만인 데다가 파트너가 너무 자극을 강하게 주었다. 사실은 삽입 직전부터 흥분이 고조되어 있었다. 지금까지 유지해 온 것만도 대단했다. 30분도 채 안 되어 그녀는 벌써 몇 번인가의 오르가슴을 느끼고 있었다. 지금은 온몸을 뒤틀면서 경련을 하고 있었다. 결코, 분위기를 살리기 위한 쇼가 아니었다. 비록 직업여성이기는 하지만 그녀는 자신을 즐기고 있었다. 물론 상대에게도 즐거움을 제공하는 데 최선을 다하면서 말이다.

질펀하게 한바탕 육탄전을 치른 그 둘은 마음의 평화를 가졌다. 격랑이 지난 바다는 조용했고 일진광풍이 휩쓸고 간 대지는 고요했다. 정말 맛있는 섹스를 해 봤다. 처음으로 만난 둘은 서로가 잠자는 영혼을 일깨워 줬고 삶을 변화시켜 주었다. 그 후 김현석 씨는 그녀를 영혼의 안식처로 삼았으며 그녀의 매력에 포로가 되어 1주일에 한 번씩 찾아가 위로와 즐거움을 찾는 단골이 되었다.

2. 적어도 2주에 한 번씩은 엑스터시가

노인이 되었다고 억지로 성적 욕구를 억제하면 성선(性腺)의 기능이 약화 또는 상실되어 건강에 악영향을 준다는 보고가 있다. 성선이란 생식선이라고도 하는데 이의 기능은 남성의 고환(睾丸)과 여성의 난소(卵巢)에서 생식세포를 만들어 내는 것이다. 그뿐만 아니라 내분비 역할을 담당, 신진대사에도 중요한 기능을 한다. 성선의 건강은 결국 바르고 규칙적인 섹스를 통한 황홀감을 느껴야만 유지될 수 있다. 개인차가 크기 때문에 일률적으로 말할 수는 없지만, 전문가들은 성선의 노화를 예방하기 위해서라도 고령자라도 자기 체력에 적합하게 맞춰 최소한 2주에 한 번씩은 엑스터시를 느껴야 한다고 권한다.

다만 젊은이들처럼 급하고 과격하게 섹스를 하면 복상사(腹上死)의 위험이 있기 때문에 속도를 조절하여 시간을 갖고 여유 있게 피스톤 운동을 해야 한단다. 체력소모도 적고 혈압의 급상승도 막을 수 있기 때문이다. 가능하면 노인들은 섹스할 때 사정(射精)을 너무 자주 하지 않는 것이 좋으며 그렇게 하면 항상 원기가 넘쳐 일주일에 몇 번씩도 사랑할 수 있어 노년을 즐기는데 최적이라고 한다.

노인 섹스 달인들은 한 번 삽입하여 5시간 이상도 하는데 그런 경우 여성은 15회 이상 오르가슴을 느낀다. 그런 경우는 물론 절륜한 정력과 고도의 섹스 테크닉을 필요로 한다. 보통 사람의 경우도 그렇게 여유 있는 섹스를 하게 되면 여성은 보통 5~6회 이상 오르가슴을 느끼게 되어 좋고 특히 여성상위(女性上位)로 하면 여성 자신이 본인의 급소에 대고 마찰을 하므로 더욱 만족감을 느끼게 된다. 남성은 무노동으로 즐기는 섹스 스포츠가 되어 더욱 좋다.

· 사례2

정대철 씨(가명, 79세)는 아현동에 산다. 그는 황해도 해주 출신으로 16세 때 6·25전쟁이 터져 부모와 함께 남한으로 넘어왔다. 아버지는 돈을 벌기 위해 여기저기 돌아다니다가 어떻게 된 영문인지 갑자기 소식이 끊겨 생사를 확인할 길이 없게 되었다. 홀어머니가 온갖 궂은일을 다하며 입에 풀칠을 했다. 그러나 어머니 역시 그와의 인연이 길지 않았다. 어머니는 그가 스무 살 때 급성 폐렴으로 세상을 떠났다. 홀로 된 그는 군 복무를 마치고 나와 먹고 사는 일에 피땀을 흘려야 했다.

아는 이 하나 없는 땅에서 그는 평생을 트럭 운전기사로 살아왔다. 어렵게 아들 둘, 딸 하나를 키우며 살아왔는데 큰아들은 공업고등학교를 나와 전기기사로 취직하여 살아간다. 둘째 딸은 상업고등학교를 졸업하고 은행원이 되었다가 시집을 갔다. 막내아들은 고등학교만 졸업하고 공무원시험에 합격하여 안정된 생활을 한다. 게다가 야간대학까지 나와 서기관까지 되었으니 성공한 편에 속했다. 그런 그에게 불행이 닥친 것은 그의 나이 73세 때인 2007

년 이른 봄. 차가운 봄비가 세차게 내리는 날이었다. 신길
동에 사는 딸애의 집에 다니러 간 아내가 귀가도중 교통
사고로 세상을 뜨고 말았다.

대지 40평, 건물 20여 평의 작은 단독주택에 사는 그에게
세월은 너무 빨리 가고 있었다. 흐르는 세월 속에 고인이
된 아내의 생각도 점차 희미해져 가고 고독이 밀려왔다.
그동안 아내가 살림을 알뜰히 해줘서 노후자금을 조금 마
련해 놨는데 이젠 다 소진되고 말았다. 그래도 다행히 자
식들이 주는 돈으로 당장 끼니 걱정은 안 해도 되지만 가
장 괴로운 건 고독이다. 구구절절한 자신의 사연을 속속
들이 털어놓고 하소연하고 싶다. 때로는 누군가의 가슴에
얼굴을 파묻고 엉엉 울고도 싶다. 어머니의 따뜻한 가슴
이 그립다. 아내의 정 많은 품이 필요하다. 그러나 아무도
없다. 절실히 필요한데 아무도 없다. 죽을 것 같은 외로움
을 아느냐고 소리치고 싶다.

그러나 학교도 제대로 못 다니고 트럭 운전기사로 평생을
일만 해왔으니 터놓고 얘기할 가까운 친구도 하나 없다.
나름대로 등산도 하고 규칙적인 운동을 하고 있지만, 정
을 주고받을 사람이 절실하다.

그렇게 지루하기 이를 데 없는 하루하루였다. 그런 그에
게 종묘와 종삼 일대의 그녀들에 대한 정보가 들어왔다.

3만 원이란 그에게 적은 돈은 아니지만, 고독의 고통에서 잠시나마 벗어날 수 있다면 못할 것도 없었다.

그가 그녀를 찾아간 것은 2010년 봄이었다. 아직은 찬기가 가시지 않은 3월 중순의 어느 날이었다. 잿빛 하늘은 금방 무엇이라도 쏟아져 내릴 것 같았다. 스산했다. 종삼역에 내리니 오후 3시가 조금 너머 있었다.

그 역시 주위를 살피니 예의 그녀들이 여기저기서 남자들을 유혹하고 있었다. 아름다운 여인들을 보고 싶어 하고 미인과 관계를 갖고 싶어 하는 것은 모든 남자의 공통적인 심리다. 그도 지금까지 살아온 인생 연륜이 있는 까닭에 이왕이면 다홍치마라고 예쁜 여자와 관계를 하고 싶었다. 그런 그의 시선을 사로잡는 여인이 있었다. 서로의 사인이 오고 간 후에 그녀의 안내를 따라 인근 여관의 3층으로 들어갔다.

그녀는 어떤 상대든 차별을 하지 않는 착한 마음을 가지고 있었다. 거기를 찾아오는 남자의 대부분은 독신자로서 처음에는 고독을 견디지 못하여 일단 찾아온다. 그리고 좁은 방에서 두 사람이 있게 되면 길게 사귀지 않았어도 금방 본능으로 돌아가 욕구충족을 위한 행위로 들어간다. 그도 역시 비아그라를 먹었다. 물론 그녀의 이해와 협조를 받아 복용했다. 그리고 실전(實戰)! 그녀는 그를 남성으로 만드는데 온갖 정성을 쏟아 주었다. 우선 그녀 몸 자체가 눈부시게 아름다워 그는 시각적 만족을 느끼기에 충분했다. 그녀가 보드라운 손으로 페니스를 만져 주기 시작하자 반응이 오고 흥분이 시작됐다.

서툴기는 해도 전희(前戲)를 시작하려는데 그녀가 애교 있게 제지했다. 그녀는 자기와 섹스를 즐길 수 있는 상대가 아니면 가능하면 남자가 용건만 끝내그 내려가기를 바란다. 마음이 동하지 않는 상대와는 그 자체가 고역이기 때문에 돈 받은 만큼만 서비스를 제공하고 다음 고객을 받고 싶은 것이다.

그러나 그는 좀 더 오래 즐기고 싶었다. 얼마 만에 안아보는 여체인가? 얼마 만에 느껴보는 체온인가? 그 매끄러운 탄력과 윤기 있는 피부 그리고 따뜻하기 그지없는 여체(女體), 오래오래 안고 있고 싶은 마음에 다음 단계로의 진행을 늦추고 싶었다. 그러나 그녀는 자신이 리드를 했다. 역시 젊다 보니 아랫도리는 적당히 젖어 있었다. 그녀는 양다리를 편한 체위로 벌리더니 그의 페니스를 버자이너에 갔다 댔다. 이내 다리를 남자의 엉덩이 쪽에다 대고 X자로 확 꼬았다. 그리고 다시 한 번 힘을 주니까 마치 흡입기가 빨아 당기듯이 무서운 힘으로 빨려 들어갔다.

그는 입이 딱 벌어졌다. 이런 경험은 난생처음이다. 이렇게 멋지고 수축력이 강한 여성은 아직 접촉해 본 적이 없었다. 이렇게 젊고 멋진 여성과 섹스를 할 수 있다는 것이 꿈만 같았다. 남자에게서 섹스를 빼면 시체라고 했던가? 그것이 노년이라고 다를 수는 없다.

질펀하게 한바탕 작업을 끝낸 그는 세상을 다 얻은 것 같은 만족감을 안고 그녀와 헤어져 저녁 식사를 마치고 집으로 돌아왔다. 헤어질 때도 그녀는 미소 띤 얼굴로 따뜻하게 위로해 주었다. 건강하세요. 그리고 오래 사세요. 제 생각이 나면 또 찾아오세요. 그는 그 말 한마디가 왜 그리 고마운지, 눈물이 핑 돌았다. 막상 헤어져 오다 보니 허탈하고 발걸음이 떨어지질 않았다. 오늘따라 왜 그런지 집으로 들어가기가 그렇게 싫었다. 다시 발길을 돌려 그녀를 찾아가고 싶었지만, 현실은 그에게 냉정했다. 그렇게 할 수 없는 것이 못내 아쉬웠다. 가슴이 아렸다. 아직도 그의 페니스는 그녀의 버자이너 속에 머물고 있는 기분이었다.

그는 그 후 그녀를 잊지 못해 어려운 형편임에도 자녀들이 주는 생활비를 절약하여 한 달에 두세 번씩 그녀를 찾아가는 단골이 되었다. 그녀 역시 그가 매번 찾아갈 때마다 친절하고 따뜻하게 그를 맞이해 주었다. 마음뿐이 아니고 그 곱고 따뜻한 몸으로 그를 감싸주었다.

3. 노인의 성욕

18세의 남자는 11초마다 섹스에 대해서 생각하고 40세의 남자는 4분마다 섹스에 대해 생각한다고 한다.

인간에게 성욕이란 무엇인가? 배가 고프면 밥을 먹는 이치와 같다. 인간의 2대 욕구가 식욕과 성욕이다.

음식을 섭취하고 일정 시간이 지나면 소화가 되어 배설한다. 성욕도 채워지면 해소해야 한다. 대, 소변을 배설하지 않고 참고 있으면 심각한 질병으로 발전하여 생명을 잃게 되듯이 성욕도 해소하지 않고 강제로 억제하면 결국 건강에 심각한 악영향을 준다는 것이 현대의학의 계속되는 연구발표다.

노년이라고 해서 성적 욕구가 사라지는 것은 결코 아니다. 오히려 섹스의 깊은 맛을 알고 있다. 고령이 되면 얻을 수 있는 즐거움이 자꾸 줄어들기에, 또 여생이 자꾸 초조하고 불안해져 가기에 섹스가 더욱 간절하다.

섹스는 노인들만이 겪는 심각한 고독에 크게 위안이 되는 행위이기도 하다. 노인들의 섹스에 대한 부정적 인식도 사라지고 있다. 의학의 발전에 힘입어 노인들도 당당히 섹스할 수 있고 또 그래서 건강한 삶의 필수요소가 되었다.

노인들이야말로 규칙적인 성생활이 필요하다. 섹스는 건강을 지키고 삶의 질을 향상시키고 행복을 가져다준다.

이런 사실들이 알려지면서 노인들의 성에 일대 혁명이 일어나고 있다. 생물학적으로 고령이 되면 성 기능 자체가 시들고 고갈되어 생리적 욕구가 일어나지 않고 설령 일어난다 해도 해소할 수 없는 것으로 여겨져 왔으나 지금은 먼 옛날의 미신(迷信)이 되어가고 있다.

노인들도 이제 시대와 함께 변해가야 한다. 잘못된 신화와 결별하고 당당하게 행복을 추구하고 인권을 행사해야 한다. 그 핵심에 성적 즐거움이 자리 잡고 있다. 이것은 세계적인 추세다. 세계 각국의 노인들은 섹스를 즐겨야 한다는 생각에 동의한다. 그리고 성적 욕구를 행동으로 실행하는 것에 주저하지 않는다. 남성은 물론 여성들도 나이와 관계없이 더욱 적극성을 나타내고 있다.

일본의 한 노인 홈에서는 80대 여성이 두 남성과 삼각관계를 맺어 매번 파트너를 바꿔가면서 섹스를 했다. 홈의 규칙을 위반하는 행위다. 풍기가 문란하다고 제지하였으나 그녀는 섹스는 내 노년의 인생에서 빼놓을 수 없는 즐거움이고 행복이라면서 자신의 섹스 습관을 멈추지 않았다. 결국은 두 남자가 그녀를 둘러싸고 한밤중에 결투를 벌여 그중 한 명이 사망하는 비극적 사건이 터졌다.

역시 일본의 간사이(關西) 지방의 어느 마을에서는 70대 중반의 독신녀가 같은 마을의 20대 중반의 기혼 청년에게 500만 엔(한화 6~7,000만 원)을 줄 테니 자기와 한 번 시간을 가져달라고 했다가 거절당했다는 씁쓸한 이야기도 읽은 기억이 난다.

내 주변에서는 경제적 여유가 있는 70대 중반의 독신 여성이 장성한 자식들과 세인의 이목을 피해 연인과 함께 해외로 섹스 골프를 자주 다니는가 하면 역시 70대 중반의 경제력 있는 독신 여성이 호텔비 등의 비용을 자신이 부담하면서 남성과 여행도 다니며 섹스를 즐긴다.

이제 이런 경우는 주변에서 흔히 볼 수 있는 사례가 되고 있다. 그만큼 성은 나이에 관계없이 즐겨야 하는 것으로 인식되고 있다. 그 흔한 애인 하나 없으면 6급 장애인이라고 한다. 이제 노인들도 여기에서 예외가 아닌 듯싶다. 이제 도덕적 삶보다는 개인의 행복, 개인의 인권을 중시하는 세상이다.

작가 마르티나 렐린(Martina Rellin)은 『나에게는 두 남자가 필요하다』에서 사랑과 연애와 섹스는 우리 인생의 핵심 테마라고 주장한다. 그 매력을 인간은 결코 포기할 수 없다. 이

책에는 28세부터 71세까지, 23명의 여성이 살아가면서 전개하는 섹스 파티가 멋지게 그려져 있다. 성적 욕구를 연인과 해소하고 또 짜릿하고 스릴 있는 여러 형태의 섹스를 즐기면서 행복을 추구한다. 28세의 안나라는 여성은 대조적인 두 남자를 갖고 있으며 서로 다른 점을 보충해주기 때문에 자기는 그 둘이 다 있어야만 자신의 인생이 완성된다고 한다. 그녀들은 필요할 때마다 남자를 빌려 쓸 수만 있다면 좋겠다고 했다. 한 번밖에 없는 인생 굳이 행복을 빼놓고 살 필요가 없다는 것이다. 이런 의식은 시대와 함께 더욱 굳어지고 있는 듯하다.

『죽을 때 후회하는 25가지』의 저자 오오쯔 슈이치(大津秀一)는 그의 저서에서 어느 사람이 죽기 직전 기억에 남는 연애를 해보지 못한 것이 후회된다고 했다. 연애는 무엇을 말하는가? 당연히 사랑을 의미하는 것이고 그 사랑에 섹스가 포함됨은 물론이다. 남녀의 사랑에 섹스가 빠질 수 있겠는가? 플라토닉 러브라고? 그건 우정이라고 해두자.

　죽는 순간에 하는 후회는 "내가 바보다."라고 외치는 것에 불과하다. 그래서 노인들은 더욱 조급하고 초조하다.

· 사례3

김태석 씨(가명, 73)는 송파구 거여동에 산다. 10세 때 6·25전쟁으로 부모를 잃은 그는 어린 시절을 고아원에서 보냈다. 초등학교를 간신히 마친 그는 의지할 곳 없이 온갖 고생을 다 하며 살다가, 벽돌 조적(組積, 일명 쓰미) 기술을 배워 평생의 직업으로 삼았다.

슬하에는 아들 둘, 딸 하나 3남매를 두었다. 중학교를 졸업한 큰아들은 구두기술자, 둘째는 상업고등학교를 졸업하고 중견기업의 경리로 근무하다 중소기업의 사장 사모님이 되었다. 막내인 셋째 아들은 공업고등학교 전기과를 졸업한 전기기술자로 다들 안정된 가정을 꾸리고 잘 먹고 잘살아가고 있다.

그에게 불행이 닥친 건 4년 전 69세 때였다. 그의 아내가 평소에 혈압이 높아 혈압약을 복용했는데 당뇨병까지 겹쳤다. 그런 와중에 갑작스러운 심근경색으로 손을 써볼 겨를도 없이 세상을 뜨고 말았다. 배우자를 잃은 슬픔은 죽은 사람의 몫이 아니었다. 오로지 남은 사람의 자아를 허물어뜨리는 가장 슬픈 인생의 아픔이었다. 김 씨는 모든 게 허물어진 듯했다. 나는 사라졌다. 이 세상에서 무용지물이 되었다. 늙을수록 배우자에게서 자신의 존재가치를 인정받는 것이 전부인 사람살이다. 아내가 떠나고 난

방엔 하루하루 쓸쓸함이 진해졌다. 처음에는 자식들이 왔다 갔다 하며 들여다보고 딸과 며느리들이 밑반찬도 해다 주고 보살펴 주었으나 날이 갈수록 뜸해졌다.

재혼을 염두에 두고 여성을 사귀었다. 아내에 대한 그리움만으로 남은 생을 버틸 자신이 없었다. 그러나 마음에 드는 여자는 김 씨가 늙고 배운 게 없다고 무시한다. 물론 그에게 다가오는 여자들도 있다. 그러나 그런 여자들은 자신이 가진 3층짜리 단독주택에 더 맘을 두는 듯했다.

김 씨의 건강은 양호하다. 친구들이 모두 부러워하는 건강을 지니기는 했어도 역시 70이 넘은 나이는 해가 갈수록 심신의 기능을 저하시키고 있다. 그러나 이대로 혼자 살다 인생을 마감한다는 것은 억울했다. 아니 이대로라면 곧 죽을 것 같다. 그런저런 상념들 사이로 종로삼가가 끼어들었다. 모험을 해보기로 했다. 어떻든 나도 사내대장부인데 남자로서 그 모든 걸 포기한다는 건 죽을 날만 기다리는 백치 같았다.

여름이 지나고 가을의 끝자락인 10월 말, 바람이 서늘했다. 가을은 남자의 계절이라 했던가? 그날따라 여성이 그토록 그리웠다. 거길 가면 어떻게 생긴 여자들이 있을까? 회의(懷疑) 반, 기대 반의 마음으로 종삼엘 갔다. 3호선을 타고 종삼에 가는데 한 시간 정도 걸렸다. 오후 두 시 반쯤이었다. 그리고 주변 상황을 관찰하며 여인들을 물색했다. 화대는 3만 원이라고 했다. 그녀가 안내하여 따라간 곳은 청계천 쪽이었다. 여관 3층의 방으로 들어가 보니 좁은 방에 요가 깔렸고 성행위에 필요한 여러 가지 물건들이 갖추어져 있었다. 김 씨는 그녀가 맘에 들었다. 중국 심양에서 왔다는 조선족으로서 조금 통통한 편에 속했으며 피부색도 적당히 흰 편이고 특히 눈이 시원스럽게 크고 맑아 매력적이었다.

그녀도 고객응대(顧客應待)에 친절했고 최선을 다했다. 이 일에 종사한 지가 10여 년 되다 보니 남자 다루는 솜씨가 보통이 아니었다. 남자의 얼굴과 표정만 봐도 어떻게 해줘야 좋아하는지 헤아릴 수 있었다. 다소 소극적인 사람한테는 자기가 적극적으로 리드를 해서 남자의 욕구를 충족시켜줄 줄도 아는 여자였다. 김 씨는 그녀가 그렇게 해주는 것이 고마웠다. 40대의 젊은 여자가 자신을 위해 정성을 다하는 모습을 보니 감동이 밀려오기까지 했다. 환락가 출입 경험이 별로 없는 김 씨는 '이런 여자를 어떻게 다루어야 즐거운 시간으로 만들까?' 하고 고민하다 나름대로 전희를 시도하는데 눈치 빠른 그녀가 알아서 리드를 했다.

그는 아직은 발기부전치료제의 도움 없이도 충분히 섹스할 수 있는 발기력을 유지했다. 능력발휘를 충분히 해보고 싶었다. 그런데 그녀가 피곤해 보였다. 이미 4명의 고객을 상대했단다. 분위기가 적합하지 않았다. 그래도 최대한 기분을 살리며 목적을 달성하려고 애를 썼다. 여체의 향기를 맡고 따뜻한 체온을 느끼며 힘껏 안았다. 그녀는 온갖 기교를 다하여 그에게 서비스를 했다. 무서운 힘으로 그의 페니스는 그녀의 몸속으로 빨려 들어갔다. 비록 그가 다섯 번째 고객이긴 해도 그녀는 역시 젊었다. 전희는 별로 좋아하지 않았어도 그녀의 거기는 이미 페니스가 원활하게 들어갈 수 있도록 흠뻑 젖어 있었다. 몇 번 피스톤 운동을 하니 그녀가 강한 힘으로 수축을 몇 번 했다. 오랜만인 데다 마음이 쫓기는 상황에서 하다 보니 싱겁게 사정(射精)을 하고 말았다. 아쉬움이 남았다. 원래 고령이 되면 조루가 심해진다는 것은 알고 있었지만 이렇게 싱겁게 벼르고 별러왔던 일이 끝나다니……. 그러나 감사하기로 했다. 그 아름답고 탐스러운 여인의 육체를 단돈 3만 원으로 가져볼 수 있었다는 것에 대해…….

집으로 돌아오는 길은 더없이 쓸쓸했다. 잠시의 위안과 쾌락을 맛보고 온 그는 평소보다 더 심한 고독을 느끼며 집에 도착했다. 섹스도 그 순간뿐이지 근원적인 고독을

달래기에는 큰 도움이 되지 못했다. 노년의 고독이 이렇
게 무섭고 서러울 줄 몰랐다.

그에게는 그녀의 휴대전화 번호가 있다. 그녀의 휴대전화
번호를 볼 때마다 고독은 잠시 사라지는 듯했다. 그리고
그는 그녀의 단골손님이 되었다.

4. 성생활의 중요성과 성교빈도

성생활의 중요성을 조사한 바로는 '섹스가 인생에서 매우
중요하다.'고 인식하는 사람이 대부분이다. 그중에서도 우리
나라는 남자 91%, 여자 85%가 그렇게 생각한다는 조사 결과
다. 이는 세계에서 1, 2위를 다투는 수치다. 그렇지만 우리나
라 사람들의 실제 성생활은 가장 부진한 것으로 나타났다. 우
선 섹스의 빈도에 있어 영국의 콘돔회사인 두렉스(Durex) 사
가 2003년에 세계에서 섹스를 많이 하는 나라 34개국을 대상
으로 조사한 바로는 가장 섹스를 많이 하는 나라는 헝가리로
1년에 152회, 다음이 프랑스, 불가리아로 각 151회, 러시아
150회로 최상위권에 들어가 있고, 말레이시아가 100회, 싱가
포르 96회 등으로 최하위로 나타났다. 대만이나 홍콩은 34위
안에 들어있다. 그러나 한국은 아예 조사 대상국에도 들지 못

했다. 인생에서 섹스를 빼놓고 완전한 행복을 누리고 산다고 할 수 있을까?

우리나라의 전체 섹스 문화가 이렇다 보니 노년의 섹스는 그야말로 세계 최악이라 추측할 수 있다. 다행스러운 것은 최근 들어 노인들의 성에 대한 인식이 높아지고 노인들 스스로도 성을 즐기고자 하는 경향이 나타나고 있다. 매우 고무적인 일이 아닐 수 없다.

인간의 몸에는 수많은 호르몬이 있다. 그 호르몬은 우리의 건강을 위해서 각각의 임무가 있는데 그것이 본래의 소임을 수행하기 위해서는 규칙적인 섹스가 필수다. 그렇게 했을 때 그 호르몬이 기능하므로 우리의 몸이 건강해지고 정신적으로도 안정감이 있고 평화로워진다.

노년의 섹스는 이제 안티에이징(antiaging)의 수단으로도 자리 잡아가고 있다. 노년이 되면 젊은이들보다 성격이 인자해지고 관대해지고 자비(慈悲)가 충만할 것 같지만 실제로는 오히려 완고해지고 독선적이며 이해성이 부족하여 비뚤어지기 쉽다. 그런데 만족하게 치르는 섹스는 성격을 부드럽게 해주고 자신감과 활기를 준다. 불안이나 초조함을 제거해 준다. 신진대사가 활발해지고 혈액순환이 원활하여 호르몬 분비가 활발해진다. 노년의 건강에 아주 좋은 치유제이다. 스킨십에서 시작되는 섹스는 두뇌의 지령으로 모든 기능이 작동하기 때문에 전신의 세포가 춤을 추고 건강을 지켜주는 각종 호르몬의 분비가 촉진되고 활성화된다. 그래서 젊음을 유지해 주고 노화를 지연시켜 준다.

웰니스(Wellness) 열풍이 불고 있다. 웰니스는 인간의 건강을 말할 때 단순히 몸에 질병이 없다는 것만을 의미하지 않고 지적, 정서적으로도 균형 있는 더 나은 삶을 영위하는 것을 의미한다. 거기에는 자아실현도 포함되는데 이 모든 것이 성생활을 빼놓고는 말할 수 없다.

· 사례4

조현태(74. 가명) 씨는 도봉동에 산다. 1남 2녀를 둔 그는 자녀들이 다 성가(成家)하여 잘살고 있고 자기도 조그만 상가를 가지고 있어 거기서 나오는 임다료로 사는데 생활에는 별 어려움이 없다고 한다. 아내와는 몇 년 전에 사별(死別)했다.

그는 몸이 좀 비대한 편이다. 종삼역에 1주일에 한 번씩 나와 그녀들을 만나는데 그는 두 명의 여성을 번갈아 상대하고 있었다. 물론 그가 나름대로 좋아하는 스타일의 여성들이다.

섹스할 때는 비만이어서 좀 헉헉거리고 땀도 많이 흘리는 편이어서 애처롭지만 그런 그를 그녀들은 포근한 정으로 감싸주며 친절하게 대해 준다. 페니스도 좀 작은 편이지만 자존감을 잃지 않도록 용기도 북돋워 주면서 있는 온갖 기교를 다 부리며 최대한의 즐거움을 맛볼 수 있도록 해준다. 그럴 때마다 그는 감사함을 느끼고 그런 그의 모습을 보며 그녀들은 그 직업에 대한 흐뭇한 보람마저 갖게 된다.

조 씨가 종삼에 출입한 지 2~3년이 되는 2009년 1월 초의 어느 날이었다. 그날은 눈이 많이 와서 쌓였고 강풍이 휘몰아쳤다. 조 씨는 얼마나 외로웠는지 지난밤엔 잠을 거의 잘 수 없었다. 다음 날, 그는 평소에 자기에게 잘 해주는 여인을 찾아갔다. 오전 11시가 조금 넘은 시간이었다. 일찍 찾아온 그를 그녀는 따뜻하게 대해 주었다. 그녀는 50대 초반이다. 그녀가 따뜻한 방으로 안내하고 우선, 언 몸을 녹여주기 위해 히터를 켜고 옷을 벗긴 후 따뜻한 물수건으로 페니스 부위를 닦아주며 손으로 어루만졌다. 조 씨의 몸이 덜 녹은 상태여서 행위에 돌입하지 않았고 막 몸을 녹이며 분위기가 조성되려 했다. 그런데 이게 웬일인가! 조 씨가 '억!' 하면서 쓰러져 버렸다. 깊은 숨을 한 번 몰아쉬는 것 같더니 그 후에는 미동도 하지 않았다. 놀란 그녀는 그의 눈을 벌리고 살펴보니 이미 동공이 풀리기 시작했다. 겁이 왈칵 난 그녀는 여관 주인의 도움을 받아 구급차를 불렀다.

의사의 진단결과 급성 심근경색에 의한 사망이었다. 언론에 보도되면 사회적으로 시끄럽다. 그리고 많은 사람이 어려움을 겪게 될 것은 자명하다. 일단 머스컴을 타지 않도록 관계자들이 지혜를 짜서 수습했다. 40대인 아들이 달려왔다. 자초지종을 들은 아들은 별 이의를 제기하지 않고 서류에 도장을 찍었다. 그도 조용히 끝내고 싶었다. 노인들의 행위과정에서 심장마비를 일으켜 복상사하는 경우가 가끔 있다. 주로 이른 봄이나, 가을에 주로 발생한다. 이런 사건은 대부분 극비리에 처리된다. 가족들이 그것을 원하는 것이다.

이런저런 안타까운 소문이 무성해도 오늘도 종로삼가나 종묘공원을 찾는 노인들의 발길은 줄지 않고 있다.

인간이 겪는 고독의 유형은 여러 가지다. 질병으로 투병하면서 겪는 고독, 경제적 어려움을 겪으면서 느끼는 고독, 부부간 사별 또는 이혼에 의한 고독 등……. 고독에 대해서는 누구와 터놓고 대화할 수가 없다. 그래서 고독이다. 자신이 누군가와 자신의 고독에 더해 대화를 하고 있다면 이미 그것은 고독이 아니다. 사람은 자신이 겪는 고통이 아니면 크게 관심을 두지 않는다. 바쁜 현대생활에 누가 남의 고독에 대해 듣고 따뜻한 위로를 해주겠는가? 게다가 북망산을 코앞에 바라보는 노인들의 고독은 냄새나고 지저분한 쓰레기 취급당하기 일쑤다.

5. 성에 정년은 없다

이웃 일본의 에도(江戶)시대에 오오카 에치젠슈(大岡越前守)라는 명판사가 있었는데 어떤 사건(아마도 고령자의 간통 사건으로 추측됨. 필자 註)을 다루는데 그로서는 이해가 가지 않아 고민하다 그의 노모에게 여성의 색기(色氣)는 언제까지 인지에 대해 질문을 했다. 그리고 노모로부터 죽을 때 까지라는 암시를 받았다는 유명한 에피소드가 있다. 우리나라에서도 80대 중반의 여성 중에는 성을 즐기는 사람들이 상당히 있는 것으로 알고 있다.

2004년 12월 중국의 물리학상 수상자이며 청화대(淸華大) 석좌 교수인 양전닝(楊振寧 · 82) 박사가 54년 연하인 여대생 웡판(翁帆 · 28)양과 크리스마스이브에 결혼식을 올리고 해남도(海南島)로 신혼여행을 갔다는 보도를 보고 많은 노인이 부러워했다. 그 몇 년 후 그들은 성적으로 만족한 삶을 영위하고 있다는 보도를 접하고 노인들도 자신감을 갖는 계기가 되었다.

종로삼가나 종묘를 찾는 우리나라의 가난한 노인들과는 차원이 다른 행복을 느끼고 있을 양전닝(楊振寧·82) 박사다.

　2007년 7월 아르헨티나의 82세 할머니가 58년 연하인 24세 청년과 결혼을 한 것이 화제가 되었다. 그러나 신혼여행을 다녀 온 할머니가 안타깝게도 심장병으로 세상을 떠났다. 이 사실이 보도되자 젊은 청년과의 너무 격한 섹스가 원인이 되지 않았을까? 하는 추측들이 나왔다.

　러시아의 75세 여성이 영국의 병원엘 찾아가 젊은 애인과의 즐거운 섹스를 위해 탄력을 잃은 버자이너틀 좁혀 달라는 요청을 했다. 전문의가 고령이기 때문에 무리라고 만류했지만, 여성은 물러나지 않았다. 다행히 수술이 잘되어 만족한 섹스를 할 수 있게 되었다고 좋아하는 모습이 신문에 났다. 우리나라에서도 노인들의 재혼이 많이 이루어지고 있지만, 세계 각처에서도 100세 전후의 결혼이 많이 이루어지고 있다.
　인간의 일생에서 섹스가 차지하는 비중은 크디크다. 특히 여생이 짧아지고 있는 노년의 섹스는 더욱 그렇다. 섹스는 어느덧 노년기의 삶의 질을 결정짓는 요소가 되어가고 있다.

　2008년 10월 호주의 퀸스랜드 지역 노인 연구가인 그렌드

힐(Glendhill)여사는 노인들을 직접 방문하여 65세 이상의 성생활에 대한 조사를 벌였는데 한 80대 여인은 남자친구를 번갈아 즐거이 만나며, 80세 남자 노인도 세 명의 애인과 즐겁게 지낸다고 밝혔다. 90세 노인도 멋지게 성을 즐긴다고 털어났다.[36]

이 책과는 좀 상치(相馳)되는 얘기지만 필자의 주변에 능력있는 노년층 중에는 노년을 정말 부러울 만큼 멋지게 사는 사람들이 꽤 있다. 젊은 시절 피나는 노력을 했고 운도 따라줘서 소위 자녀들이 성공하여 잘 나가고 있고 본인들도 자력으로 노후를 보내고 있는 계층들로 감히 젊은이들이 흉내도 못 내리 만치 노부부들이 섹스를 즐기고 있다. 더러는 사별 혹은 다른 이유로 한 번 하기도 어렵다는 결혼을 두 번 이상 딸 같은 젊은 여성과 한 사람도 있어 주위의 부러움을 사고 있다.(예 : 본부인과 사별한 95~96세의 초 고령 노인이 35~36세의 손녀딸 같은 젊은 여성과 재혼하여 노년을 행복하게 살고 있는데 성적으로 부부가 만족해한다고 들었다. 물론 재력도 상당하다. 몇 년 전에 조사해 보니 그런 경우가 3명이나 있었다).

독신이거나 또는 다른 이유로 연애를 해도 세련되고 고급

---

36   서범석 저. 황혼의 그레이스 라이프. 2009년 7월. 서울. 해드림 출판사. p35.

스럽게 한다. 그 사람들의 생활 모습을 보면 언제나 정신적으로 여유가 있고 신체가 그렇지 못한 사람에 비해 확실히 건강하다. 피부는 항상 윤기가 나고 뼈가 튼튼하며 무엇이든 자신감에 넘쳐있고 전체적인 인생의 성취도가 높다. 경제적으로 사회적으로 항상 상위에 있다. 그들은 언제나 성적 에너지가 넘쳐나는 것 같다. 자고로 인류를 지배해온 지배자들이나 영웅들은 성적 에너지가 강했다. 몇 년 전 어느 TV 채널에서 현존하는 인류의 200명 중 한 명꼴이 칭기즈칸의 후예들이라고 하는 말을 듣고 놀랐었다. 그러나 그 강한 에너지도 안 쓰면 녹슬고 시든다. 자꾸 써야 강해지고 커진다는 연구보고는 과학적으로 확실한 것이다. 공장에 생산설비가 아무리 최첨단의 장비로 갖추어졌다 해도 장기간 가동하지 않으면 부식되어 쓸모가 없게 된다. 인체도 마찬가지다. 그중에서도 우리의 뇌와 성기능이 더 그렇다.

· **사례 5**

전영환(78, 가명) 씨는 남가좌동에 산다. 아들, 딸 남매를 두었는데 둘 다 성가하여 잘살고 있다. 아들은 법조인이다. 며느리까지 법조인이고 딸도 중견 국가 공무원으로 다들 잘산다. 그는 젊은 시절 중소기업을 경영하다 고령이 되어 스스로 일을 그만두었다.

그런데 70대 들어서면서 아내의 건강이 나빠져 부부생활을 전혀 할 수 없게 되었다. 전 씨가 가끔 요구하면 나이 먹어 그런 것만 생각하느냐고 면박을 주어 어쩔 수 없이 억제하고 하루하루 지내는데 최근 들어 부쩍 여자 생각이 간절해졌다.

더구나 요즘 전문가들이 노년에도 규칙적인 성생활을 해야 건강에 좋고 삶의 질이 높아지며 장수(長壽)할 수 있다고 주장하고 있어 더욱 여자를 안아보고 싶은 생각이 간절해진다. 성적 욕구를 잊기 위해 낚시도 해보고 등산도 가보고 친구들과 어울려 시간을 보내보기도 하지만 그 욕구는 해소되지 않는다.

등산길에서 젊은 여자를 사귀는 경우도 많다고 하여 관심을 가져보았지만, 고령인 그로서는 쉬워 보이지 않았다. 게다가 그런 여자들을 잘못 사귀면 기둥뿌리가 빠지고 용마루가 날아가는 수가 있으니 조심하라는 충고들이 많아서 겁이 난다. 아내는 이제 나는 늙고 건강이 안 좋아 그런 생각이 전혀 없고 질투 같은 것은 자기하고는 관계없는 일이니 그렇게 하고 싶으면 밖에 나가 해결하라고 하지만 그게 또 쉬운 일인가? 아내 눈치도 살펴야 하고 함정에 빠질까 걱정도 되고 이런저런 고민으로 시간이 하루하루 흘렀다.

그러던 어느 날, 그러니까 초겨울의 문턱에 접어든 2008년 11월 초, 아내가 송파에 사는 딸의 집에 갔다. 내일모레면 또 한 살을 더 먹는다는 생각에 마음이 심란하고 어수선했다. 날씨조차 음산했다. 집에 혼자 있는 것이 고역이다. 실은 아내가 딸네 집에 간다고 했을 때 자기도 모임이 있어 좀 늦을지 모른다고 미리 연막을 쳐놓았다.

망설인 끝에 용기를 내었다. 더 늙기 전에 여자를 한 번이라도 더 안아보고 싶었다. 점심을 해결하고 나서 종삼에 도착한 때는 오후 네 시 반을 지나고 있었다. 역에서 내려 상황을 살폈다. 한 여인이 시야에 들어왔다. 그리고 거래를 했다.

그녀가 시키는 대로 따뜻한 물로 샤워하고 실전(實戰)에 임하기 전에 그녀의 이해와 협조를 얻어 발기보조기구(勃起補助器具)를 이용하여 페니스를 발기시키고 시들어지지 않도록 페니스 밑 부분에 옥으로 된 링을 끼워 경도(硬度)를 유지하도록 했다.

오랜만에 보는 젊은 여인의 몸은 눈이 부셨다. 금방 감은 머리카락은 윤이 났고 보드라운 피부는 촉촉한 물기를 머금고 있었으며 살결은 희고 탄력이 있었다.

무성한 수풀로 단장한 치구(恥丘)는 정복군(征服軍)이 오기만을 기다리는 태세였으며 이미 흠뻑 젖은 육해(肉海)로

가는 통로도 정복군을 환영하는 듯 미소를 살짝 지으며 막 열리려 하고 있었다. 곧 상대의 공격이 집중되라는 것을 알고 있는 경비소는 수비(守備)를 포기한 지 오래고 클리토리스, G.스팟 등이 만반의 환영준비를 하고 있었다.

그녀는 가장 편한 체위로 통로를 만들어주었고 목표인 버자이너를 향한 화력은 발사 준비를 완료하고 언제든 발사할 수 있도록 대기하고 있었다. 남녀의 몸이란 건 아무리 생각해도 묘하게 생겨먹었다. 좁은 공간에 둘이만 있으면 언제나 그냥 있지 못하게 돼 있는 구조다. 거기에는 귀인(貴人)도 천인(賤人)도 없다. 능숙한 그녀의 리드에 따라 목표가 정해진 지점을 향해 드디어 육포(肉砲)의 화력은 불을 뿜기 시작했다. 정확한 지점에 힘차게 화력을 퍼부었다. 그녀는 억! 하고 신음인지 비명인지 모를 소리를 내었다. 화력은 속도를 조절하면서 공격을 계속 퍼부었다. 동시에 삼점(三點) 테크닉 공격을 정신없이 퍼부었다. 좌측 손은 그녀의 허리 하단부를 우측 손은 귓불과 목덜미를 그리고 입으로는 젖꼭지를 자근자근 깨물며 페니스는 사정(射精)을 조절하면서 피스톤 운동을 계속 했다. 그녀의 몸은 불덩이처럼 뜨거워졌고 숨소리는 거칠어졌고 몸은 뒤틀렸다. 버자이너는 경련을 일으키기 시작했다. 그녀는 벌써 몇 번째인지 오르가슴을 느끼고 있는 것 같았다.

궁합이 잘 맞는 상대끼리 만난 것이다. 오랜만에 젊은 여인을 안아보고 그리고 실로 오래만에 버자이너 맛을 본 그는 힘이 솟구쳤다. 젊은 그녀도 놀랄 만큼 힘이 강했다. 그 자신도 놀랄 정도였다. 조루를 지연시켜주는 콘돔도 효과적이었다. 삽입 후 30분은 족히 된 것 같다. 젊은이들의 섹스는 아랫도리가 얼얼할 정도로 격하게 하는 경우가 많다. 노인들이라고 해서 꼭 그렇게 못하라는 법도 없다. 서로가 맞는 상대끼리라면 버자이너의 요맛조맛을 감상하면서 좀 더 느긋하게 즐기는 여유까지 있어 젊은이들과는 격(格)이 다른 섹스다. 그는 30분 정도로 끝난 것이 아쉬웠다. 다음번에 와서는 아직은 고갈되지 않은 이 좋은 자원을 충분히 활용해서 후회되지 않는 시간을 가져야겠다고 다짐했다. 그리고 그녀와 아쉬운 작별을 하고 집으로 돌아왔다. 아직 이른 저녁이어서 아내는 오지 않았다. 평소처럼 샤워하고 얼마 있자니 아내가 들어와 딸네 집에서 있었던 이야기를 재미있게 해 주었다. 그는 속으로 미안한 생각이 들었다. 오늘 즐거웠던 것은 바로 자기였는데 그것을 모르는 아내는 밝은 표정으로 웃고 있다. 아내의 건강이 좀 더 좋고 노년의 성에 대해 좀 더 많은 이해가 있었으면 하면서 그는 속으로 깊이 사죄했다.

6. 섹스를 빼고 노인복지를 말하지 마라

밥은 젊은이만 먹는 것이 아니다. 배가 고프면 남녀노소 누구나가 음식을 먹어야 한다. 졸려서 잠을 자는 것도 남녀나 젊고 늙음에 관계없다. 이 모든 것이 인간의 생리적 욕구다. 다만 젊은이와 다른 점이 있다면 고령이 되면 섭취하는 음식의 양이 줄고 수면의 시간도 다를 수 있다.

노인 복지는 이런 것을 해결해주기 위한 정책이다. 굶주림을 해결해주고 잠을 잘 수 있게 해주고……. 그러나 이것만으로는 부족하다. 섹스가 결여된 복지는 진정한 복지가 아니라는 주장이 설득력이 있는 것도 그런 맥락에서다. 성적 욕구를 해소해야 하는 것도 생리적 욕구를 충족하는 것이기 때문이다.

그래서 외국에서는 이 문제의 해결을 위해 여러 가지로 노력하고 있다. 장애인을 위해서는 섹스 수당을 지급하는가하면 고령 독신자들을 위해서는 섹스 자원봉사자들이 찾아가서 섹스서비스를 하기도 한다. 일본에는 특별히 시니어만을 위한 섹스서비스 업체가 있고 회원제로도 가입할 수가 있어 고령자들이 성을 즐기는 데 전혀 불편이 없다. 60분 이용료가 일화(日貨)18,000엔이다. 게다가 연금 수급자라는 수첩을 제시하면 2,000엔씩 할인을 해준다. 더욱 놀라운 사실은 고령의 말기 암 환자 같은 사람이 가면 지극정성을 다하여 서비스

해주니 가히 고령자들의 섹스 천국이라 할 만하다. 물론 여성들도 똑같은 행복을 누리고 있다.

男性器

크고 단단한 것을 원하는 것은 동서고금을 막론하고 모든 남자의 소망임이 틀림없다. 성 의학적으로는 발기했을 때 5cm만 되면 임신시키는데 지장이 없고, 8cm 이상이면 정상이어서 성교에 문제가 없다고 하지만 남자들이 그런 사이즈에 자신감을 가질 리 없다. 작은 고추가 맵다는 얘기는 그저 흘러가는 얘기일 뿐, 여성의 아래를 꽉 채워줄 수 있는 크기가 되어야 만족한다. 특히 요즘은 여자들이 남성의 성기에 대해 더욱 예민하다. 애인이나 남편의 성기가 작으면 이혼의 조건으로 생각하기도 한다. 그래서 요즘 젊은이들은 성기를 잡아 빼고 늘리고 귀두를 버섯이나 나팔 모양으로 굵게 만들기도 한다. 이렇게 확장, 연장할 수 있는 사이즈가 4cm를 더 키울 수 있다고 하니 대단한 차이이긴 하다. 노인들은 그런 짓은 웃음거리가 될까 봐 감히 맘도 못 먹는다. 또 노인들은 신경을 건드리면 리스크 부담이 있어 병원 측에서도 꺼리는 경향이다. 그냥 달린 것이나 제 구실을 해주면 감지덕지하여 눈물이 핑 돌 수도 있는 노인들이 많다. 그런데 굳이 확대수술을 하지 않고도 크게 활용하는 방법은 얼마든지 있으니 너무

작아서 고민하는 사람들은 기죽을 필요가 없다. 세상 참 좋은 세상이다.

역사의 기록으로 본 대물(大物)들

1. 러시아의 괴승(怪僧), 크리코리 라스푸틴(1871~1916)은 딸 마리아의 회상록에 의해 밝혀졌는데, 발기했을 때 33cm나 되는 거대한 페니스를 갖고 있었다고 한다. 어떻게 해서 또, 딸이 아버지 페니스의 크기에 대해서 알고 있었는지? 지금도 이상하게 생각한다.

2. 존 · C · 홈즈(별명 : 조니 · 왓트. 〈포르노 스타〉. 1988년 사망)는 발기했을 때 22.5cm 가 되었고 그의 사이즈는 현재도 영상물로 확인할 수 있다고 한다.

3. 1970년대에 활약했던 자마이카 태생의 흑인 배우 롱 · 돈크 · 실버는 45cm라고 하는 감히 누구와도 비교할 수 없는 대물의 소유자로 기록되어 있지만, 한편에서는 고무로 만든 모조품이 아닌가? 하는 의문을 가진 것으로 알려졌다.

4. 90년대의 이탈리아 배우, 록 · 시프레티는 22cm의 페니스의 소유자로 유명했다.[37]

女性器

마찬가지로 여성들 역시 자신의 성기를 명기로 만들기 위해 온갖 노력을 다한다. 필자가 일본의 그 유명한 긴자(銀座)의 요정엘 몇 번 간 일이 있는데 처음엔 깜쯔- 놀랐다. 우리나라에서는 기생하면 흔히 아주 젊고 예쁜 여성들로 알고 있는데 그 유명하다는 긴자의 요정 게이샤(藝者)들은 젊은 여성들이 아니었다. 게다가 얼굴엔 무슨 백색 횟가루를 바른 것처럼 하얀 얼굴을 하고 있어 내가 볼 때에는 영 맘이 내키지 않았다. 그런데 그녀들이 바로 그 유명한 긴자꼬(銀座子), 즉 긴자의 여자다. 그 늙은 게이샤들이 많은 요정일수록 그 요정이 인기가 있단다. 그 이유는 늙은 게이샤들은 그곳에 속살이 많고 흡인력이 강하여 남자의 성기가 질(膣) 안으로 들어오면 그야말로 남자를 완전히 무아지경으로 만드는 고난도 기법을 구사할 수 있단다. 유럽의 매춘녀들이 멀쩡한 이를 뽑아 잇몸을 만들어 남성고객들의 페니스를 잘근잘근 깨물어 쪽쪽 빨아 주듯이.

---

37 마르크·보널. 미셸·슈먼/藤田眞利子 譯. ペニスの文化史. 2011年4月. 日本. 東京. 作品社. pp.143～144

게이샤들은 성적자극에 특히 민감하여 쉽게 흥분하고 남자가 행위를 하는 한 몇 번이고 오르가슴에 도달할 줄 아는 것으로 알려졌다.

여성들의 질(膣)에 대한 관심은 어제오늘의 얘기가 아니다. 중국 당나라 현종(玄宗)의 비(妃)였던 양귀비는 현종을 독차지하기 위해 질 속에 구슬을 넣어 질을 좁게 하고 자극을 강하게 하는 방법을 썼다고 한다. 현종의 성기가 한 번 들어오면 그 구슬을 최대한 움직여 일반 여성들에게서는 맛볼 수 없는 황홀감과 쾌락을 느끼게 해주었으니 현종의 총애를 한몸에 받을 수밖에…….

· **사례 6**

윤영하(69. 가명) 씨는 강서구 등촌동에 산다. 그는 교육자 출신이다. 정년퇴직을 1년 남겨놓고 명예퇴직을 했다. 큰아들이 사업하다가 부도를 냈기 때문이다. 민, 형사상 책임을 져야 하는 매우 급한 상황이었다. 아내가 머리를 싸매고 드러누워 큰애를 도와야 한다고 난리를 쳤다. 그는 자신의 노후대비 자금을 털었다. 자신이 사는 아파트를 담보로 2억 5,000만 원을 빌려 주었고 저축한 돈 5,000여만 원도 건네주었다. 그러고도 모자라 친척들에게 2억 원이나 사채까지 빌렸다.

그러나 형편은 나아지지 않았으며, 아들의 사업은 계속 기울어졌고 은행이자는 정신없이 늘어나 감당할 수가 없었다. 아파트는 경매로 넘어갔고, 사채는 갚을 길이 없었다. 명예퇴직해서 해결하지 않으면 달리 길이 없었다. 한순간에 그는 자식들 덕(?)에 알거지가 되었다. 집도 없고 수중에 쥔 돈이 없는 그는 당장 끼니 걱정부터 해야 했다. 하늘을 봐도 땅을 봐도 어디다 하소연할 곳이 없었다.

부부는 날마다 한숨을 쉬기에 바빴다. 아내는 후회하기 시작했다. 이럴 줄 알았으면 저희끼리 해결하게 놔둘 것을……. 늙은 우리까지 이 모양이 되었으니 어쩌면 좋으냐며 눈물을 흘리는 시간이 많아졌다. 그러나 누구를 원망하고 있을 때가 아니었다. 시간이 없다. 당장 호구지책(糊口之策)이 문제였다. 윤 씨는 취업을 했다. 아파트 경비원 자리다. 힘들고 창피한 게 문제가 아니었다. 110만 원의 보수는 그에게 생명을 유지해주는 생명수요, 거액이었다.
그런 시간이 4~5년 흘렀다. 아내는 윤 씨를 더욱 암흑의 구렁텅이로 몰고 갔다. 치매가 오는 것 같더니 위암 말기로 진단을 받고 손쓸 겨를도 없이 세상을 떠나고 말았다. 어렵게 어렵게 수습을 하고 정신을 차려 9평짜리 임대아

파트를 얻어 살게 되었는데 한동안은 먼저 떠난 아내가 불쌍해서 얼마나 울었는지 모른다.

그 후 주방일이라곤 모르고 살던 그가 혼자서 밥을 하고 반찬을 만들어야 하고 세탁을 해야 하고 집안 청소를 했다. 생활 방식이 완전히 바뀌었다. 그 서툰 일상생활도 적응하기 어려웠지만 가장 힘든 것은 밀려오는 고독의 중압감이다. 특히 밥을 혼자 먹을 때는 가슴이 메어진다. 슬픔의 눈물이 앞을 가려 숟가락질을 제대로 할 수가 없는 때가 많았다.

봄은 봄대로 여름은 여름대로 가을은 가을대로 겨울은 겨울대로 계절이 바뀔 때마다 엄습하는 고독이 뼛속까지 파고들었다. 아내와 연애하던 시절 자주 가던 식당, 극장, 관광지에서 찍었던 사진들, 아내가 살았을 때 있었던 희로애락의 모든 일이 주마등처럼 뇌리를 스쳐 지나간다. 아내는 친구들이 다 부러워하는 미인에다 착한 마음씨를 갖고 있었다.

언제나 조용하면서도 다정한 목소리로 집안을 평화롭게 만들고 남편을 존중해주고 아이들을 사랑으로 보살펴주었던 아내였다. 시부모를 하늘같이 모시고 집안 형제 간에 우애를 돈독히 하는데 항상 마음을 쓰는 아내였다. 왜

착한 사람은 항상 세상을 일찍 떠나는 것인지…….

윤 씨는 자신의 그런 심정을 터놓고 말할 수 있는 상대가 없다. 가까운 친구들이나 친척들도 점차 멀어져 갔다. 처지가 옹색(壅塞)해지고 나니 자신이 오히려 사람들을 피한 결과다.

인간이 뭔지…, 그렇게 금실이 좋았던 부부도 죽음이 갈라놓은 인연 앞에서는 망각만이 남아있을 뿐이었다. 아내와의 추억, 아내의 미소는 점점 희미해져 가고 대신 늙어가는 것이 서럽고 외톨이로 살아간다는 것이 고독하고 괴로웠다. 술이라도 한 잔 먹고 외로움을 달래려 하지만 아파트 경비원이란 직책이 그 시간도 쉽게 허용하지 않았다. 그저 시도 때도 없이 눈물이 핑 돌았다.

남들이 부러워하는 교육자로서 평생을 살아온 그가 졸지에 이런 신세가 되리라고는 상상도 못 했다. 동창회도 나가지 않고 친구들도 만나지 않았다. 창피했다. 하루하루의 삶이 고통 그 자체였다. 자살도 심각하게 고려해 봤다. 그러나 두려웠다. 자살을 결심할 만한 용기가 아직은 그에게 없었다. 또 죽기에는 너무 아까운 나이가 아닌가? 그렇게 몇 년이 흘렀다. 이런저런 고통도 이제 참아낼 수 있게 면역이 생겼다. 기왕에 죽지 못하고 살아갈 바에는 주어진 환경에 적응하면서 살아가자. 체념으로부터 생기가 피어올랐다. 그러자 위안이 필요했다. 누군가에게 위안을 받고 싶고 따뜻한 말 한마디를 듣고 싶었다.

초겨울의 문턱인 11월 중순, 비번인 날 윤 씨는 종로삼가를 찾았다. 겨울을 재촉하는 늦가을 비가 차갑게 내렸다. 그리고 여인을 만났다. 목적이 있어 찾아갔고 만난 이상, 일단 만나면 그 순간부터는 다른 모든 복잡한 것은 잊게된다. 그녀들은 프로다. 그녀들을 찾아간 사람은 그녀의 지시에 따르게 된다. 오랜만에 젊은 여성을 안아보게 된 그는 감회가 남달랐다.

좁은 공간에서 두 남녀가 만나 발가벗은 몸으로 뒤엉키다 보면 몸에는 반응이 일어나고 페니스와 버자이너가 부딪치면 한쪽은 쳐들어가려 하고 한쪽은 빨아들이려고 하는 성질이 있어서 육박전이 시작된다. 물론 그 싸움이란 건 인간에게 희열을 안겨주는 즐거운 싸움이지만 어쨌든 불을 뿜는 육박전임엔 틀림없다. 누구의 몸이 바스러지는지도 모를 격한 싸움을 한바탕 치렀다. 아직 젊어서인가? 아니면 너무 격했나? 윤 씨의 몸엔 땀이 촉촉이 배어 있었다. 얼마 만인가? 만감이 교차했다. 그때 갑자기 노크 소리가 들렸다. 임검인지 단속인지 일단은 문을 열어야 하는 상황이 되고 말았다. 단속경찰의 지시에 따라 두 남녀는 경찰서로 갔고 다음 날 아침 즉결 재판소로 넘겨진 그에게 10만 원 벌금형이 내려졌다.

착잡했다. 70평생 처음 겪어 보는 수치였다. 위법행위를 단 한 번도 해보지 않은 그였다. 그는 일생에 씻을 수 없는 오점을 남겼다고 땅이 꺼질 정도로 한숨을 내쉬었다. 그는 그날 이후 다시는 그곳에 가지 않았다.

7. 섹스는 인간에게 왜 좋을까?

섹스는 흔히 신이 내린 최고의 영약(靈藥)이라고 한다. 1956년 독일계 미국인 정신분석학자 라이히는 "섹스할 때의 오르가슴은 인간에게 어떤 약도 필요로 하지 않게 한다."는 주장을 했다가 그 당시 사회에 좋지 않은 영향을 준다는 이유로 투옥되었다. 그의 저서는 독일과 미국에서 불태워졌는데 그는 자신의 소신을 굽히지 않다가 옥사(獄死)하고 말았다.

그 후 섹스가 몸에 왜 좋은가에 대해서는 여러 전문기관에서 전문가들에 의해 꾸준히 연구되고 발표되었다. 남성의 경우 규칙적이고 일상적인 성생활을 꾸준히 하면 남성호르몬인 테스토스테론의 증가로 발기력이 향상되고 전립선염의 예방이나 치료에 뛰어난 효과가 있다. 또한, 혈액순환도 원활히 해주고 기억력을 증강시키며 시력도 향상되는 등……. 섹스는 라이히가 말한 대로 만병통치약인 듯싶다.

남성의 정액에는 여성의 질을 청결하게 해주는 성분을 비롯하여 여성건강 전체에 유익한 성분들이 많이 함유돼 있다. 그러니 여성의 규칙적인 성생활도 자신의 건강을 위한 필수적 행위라는 결론이다.

실제로 직업여성을 오랫동안 상대하여 섹스를 계속 하는 노인들은 그들 자신의 건강상태가 훨씬 향상된 느낌이라는 말을 한다. 비록 직업여성과 하는 섹스라 할지라도 섹스는 섹스니까 노년에서 겪게 되는 인생에 대한 허무감, 고독감 등이 현저히 감소하고 즐거운 시간이 생기는 것이다. 소위 말하는 섹스 테라피(sex therapy)다.

2005년 5월 서울 한국무역회관에서 개최된 서울 국제 섹스포 대회에서 나눠준 홍보물에는 다음과 같은 연구보고가 소개되었다.

섹스가 몸에 좋은 10가지 이유

① 운동 효과

한 번의 오르가슴에 도달할 때까지 소비되는 칼로리양은 200m를 전력질주 했을 때와 비슷한 운동 효과가 있어 심폐기능을 향상하며 장을 튼튼하게 한다. 혈관을 팽창하게 하여 혈액순환을 좋게 하고 신진대사를 촉진해 몸 속 노폐물 제거와 건강상태를 유지하는 데 도움을 준다.

② 다이어트 효과

섹스는 뇌로 한다. 외부의 성적 자극을 받으면 뇌에서 호르몬 전달 체계가 작동해 뇌의 성 중추 속에 성적인 신호를 전달한다. 육체적으로 칼로리 소모가 많은 것도 한 이유지만 더 중요한 원인은 쾌감에 탄응하는 뇌 부위가 섭식 중추와 겹쳐 있어, 성욕이 만족하면 식욕이 억제되고 포만감을 주기 때문이다.

③ 통증을 없애준다

섹스는 근육의 긴장을 풀어준다. 마사지 효과와 비슷하다. 오르가슴에 이르면 뇌 속에서 엔도르핀(독 없는 모르핀)이 분비된다. 엔도르핀은 통증을 잊게 하는 강력한 자연 진통제로 마약과 같다. 굵은 가닥 접촉 감각신경이 가는 가닥 통증 감각신경을 차단하기 때문이다. 미국의 베벌리 휘플 교수는 부드러운 섹스는 통증을 참는 한계를 높여서 각종 통증을 완화한다고 주장한다. 따라서 요통 환자도 섹스를 해야 하며, 척추 수술을 받은 환자는 무리 없이 1,500m를 걸을 수 있을 때 성관계를 하는 게 좋다.

④ 면역력을 향상한다

미국 월크스 대학 연구팀은 1주일에 1~2회 섹스를 하면 면역 글로블린 A의 분비량이 증가해 감기나 독감 등 호흡기 질환에 대한 저항력이 강해진다고 하였고, 피츠버그 대학 연구팀이 같은 치료를 받고 있는 유방암 환자들을 정기적으로 섹스하는 그룹과 하지 않는 그룹으로 나눠서 비교한 결과, 섹스하는 그룹의 치료 효과가 더 뛰어났다. 성적 흥분을 하면 암세포를 죽이는 T 림프구가 백혈구 내에서 순식간에 증가하기 때문이다.

⑤ 노화를 방지한다

오르가슴과 사정 직전에 노화방지 호르몬인 DHEA의 혈중 농도가 평소의 5배가 생성된다. 성생활은 뇌를 자극해 노화와 치매, 건망증 진행 등을 억제한다. 남성은 테스토스테론 분비를 증가하여 근력을 강화하고 발기부전을 예방하며 여성은 에스트로젠 분비가 증가하여 골다공증을 예방한다. 스코틀랜드 로열 에든버러 병원 연구팀이 주당 3회 이상 섹스를 하는 사람은 평균 10년(남자 12년 1개월, 여자 9년 7개월) 더 젊은 것으로 평가되었는데 이것은 성장호르몬이 체지방을 줄이고 근육을 늘려 주기 때문이다.

⑥ 전립선 질환을 예방한다

규칙적인 섹스는 성 기능을 강화하여 발기부전을 방지한다. 섹스를 통해 정액이 배출되지 않으면 정액의 30~40%를 만들어내는 전립선에 병이 생길 수 있다. 미국의학협회에서도 잦은 사정이 전립선암의 예방을 위해 필요하다며 독신 남성들도 섹스 또는 자위행위를 해야 한다고 주장한다. 여성은 혈중 에스트로젠 농도가 2배나 높아져 월경주기가 정확해지고 자궁과 질 건강이 유지된다.

⑦ 정신건강과 우울증을 완화해준다

성관계를 하는 동안에는 몸 전체 근육을 긴장시켜 운동 효과를 주며 성관계가 끝나면 긴장을 완전히 풀어서 휴

식상태로 돌아가게 해준다. 고독감, 불안증이나 우울증을 말끔히 해소해 주고 자신감과 행복감을 느끼게 해 주고 숙면에 도움이 된다. 또 정액이 우울증을 완화한다. 뉴욕 주립대 연구는 콘돔 없이 섹스한 여성들은 콘돔을 사용한 채 섹스를 했거나 섹스를 하지 않은 여성에 비해 우울증 증세도 덜 겪고 자살시도도 적은 것으로 나타났다. 정액의 각종 좋은 성분이 질을 통해 흡수됐기 때문으로 추정했다.

⑧ 뼈를 튼튼하게 해 준다

미국의 위니프래드 커플러 박사는 매주 성관계를 갖는 여성은 그렇지 않은 여성에 비해 월경주기가 더 일정하며, 에스트로젠 분비가 두 배 정도 증가해 골다공증을 예방하는 효과가 있다고 한다. 에스트로젠은 칼슘 등의 흡수율을 높여 골밀도 유지에 결정적인 역할을 한다. 미국 카렌 도냐휴 박사는 섹스가 남성에겐 테스토스테론의 분비를 증가시켜 뼈와 근육의 발달에 도움이 된다고 밝혔다.

⑨ 상처를 치료하는 효과다

스웨덴 캐롤린스카 연구소는 섹스할 때 분비되는 옥시
토신이 특정 세포를 재생시킴으로써 당뇨병 등에 인한
고질적 상처를 빨리 회복시키는 효과가 있다고 한다.

⑩ 혈압을 떨어뜨린다

옥시토신 수치가 높아져 혈압을 떨어뜨려 임신 중 혈압
이 급격히 상승해서 일어나는 임신중독증 위험을 감소
시킨다. 호주의 아델레이드대학 로버트슨 박사팀은 임
신 중 섹스를 하는 여성은 임신중독증 위험이 감소하는
데 이는 배우자의 정액에 있는 TGF-ß라는 물질의 보호
기능 때문. 네덜란드의 쾰만 박사는 구강성교를 하고 정
액을 많이 삼키는 여성은 자간전증이 적다. 영국 브리스
톨대 샤 에이브라힘 박사팀은 주 3회 20분 이상 땀을 흘
릴 정도로 하면 혈압을 떨어뜨려 심근경색과 뇌졸중 발
생률이 절반 이하로 줄어든다. 콜레스테롤치를 낮추며
몸에 좋은 고밀도 지단백(HDL) 콜레스테롤치를 높이는
효과도 있다.

섹스는 즐기는 운동이다. 섹스는 행복 스포츠라고 한다. 섹
스는 전신 운동이기 때문에 모든 운동을 아우른다. 그런데 노

인들의 잦은 섹스는 몸에 무리를 주지 않을까? 하는 걱정이
든다.

우리는 섹스를 할 때마다 사정(射精)해야 하는 것으로 생각
하고 있다. 사정하지 않으면 섹스를 하지 않은 것으로 생각한
다. 노인들은 섹스를 그냥 즐기는 운동으로 생각해야 한다.
중국의 소녀경에도 나오듯이 사정하지 않으면 하루에 몇 번
씩도 할 수 있다. 사정하지 않으면 양기가 배양되어 언제나
발기가 되고 피부에 윤기가 나고 뼈도 튼튼해진다고 한다. 그
렇게 하면 혈관을 팽창시켜 혈액순환을 원활히 하고 신진대
사가 촉진되어 체내의 노폐물을 제거해 건강 유지에 크게 도
움이 된다.

아름다워지기 〈You:Being Beautiful〉의 저자인 마이클 로
젠과 메에 오즈 박사는 "주 3회 성관계를 하는 남성은 심장
병, 뇌졸중 위험을 50%나 줄일 수 있다고 말했다. 또 성생활
을 즐기는 여성은 더 장수 한다."고 했다.

섹스가 인생에서 그렇게 큰 비중을 차지하는데 어찌 섹스
를 소홀히 할 수 있단 말인가? 섹스하지 않으면 성 기능 자체
가 무력화되어 시들어 버리고 만다. 섹스는 하면 할수록 욕구
도 강해지고 페니스도 더 커지는 효과가 있다.

노인들 사이에는 얼마나 건강하냐에 따라 노년의 행, 불행
이 갈린다. 노년에도 건강한 사람은 비실대는 젊은이들보다

훨씬 더 멋진 삶을 살아간다. 건강한 노인들은 80대, 90대에
도 사회활동을 활발히 하는 경우가 많다. 그 나이에도 소득
있는 활동을 하는 사람들이 늘어나고 있다. 건강하기 때문이
다. 그들이 성생활도 즐기는 것은 말할 나위가 없다. 그들은
사회적 성취도가 높으며 삶의 질 자체가 다르다.

　건강하니 섹스할 수 있는 것인가? 섹스하니 건강한 것인가?

　닭이 먼저인가 달걀이 먼저인가의 문제처럼 어렵다.

　아무튼, 규칙적인 섹스가 많은 노인의 많은 꿈을 이루어준
다는 것은 사실이다.

· **사례 7**

　장기식(80, 가명) 씨는 성남에 살고 있다. 결혼한 딸이 하
나 있다. 그는 젊어서 교통사고로 다리를 다쳐 좌측 다리
를 심하게 절며 걸을 수 밖에 없다. 딸을 낳고 부인과 이
혼한 그는 구차한 생활을 하고 있다. 말 그대로 쪽방촌에
살면서 미래의 희망이 없는 노년을 보내고 있다. 크지 않
은 식당을 하는 딸이 보태주는 생활비에다 나름대로 이것
저것 알바를 해서 생활비를 만들고 있다.

생명이 있는 곳에 에로스의 찬가가 있다고 했던가! 그런
그에게도 고독의 고통과 함께 성적 욕구가 간절해졌다.
해가 거듭될수록 앞으로 몇 년을 더 살게 될지 초조한 마

음이 들면서 생리적 본능 욕구는 더욱 강해진다. 더 늙기 전에 단 한 번이라도 여성을 안아보고 싶은 마음을 허물 수 없었다.

지난밤부터 내리기 시작한 겨울눈이 아침에는 꽤 많이 쌓였다. 방도 춥고 해서 복지관, 경로당, 어디 따뜻한 곳을 생각하다 종삼역에 가보기로 했다. 그에게 3만 원은 거금일 수도 있었지만 아직은 자신이 남자임을 확인해 보고 싶었다. 어려운 형편임에도 얼마 전 비뇨기과에 가서 검사해 본 결과 남성호르몬 수치가 정상이라 성행위에 전혀 지장이 없다는 진단과 동시에 만일의 경우를 대비하여 발기부전치료제 약의 처방도 받았다.

동네 분식집에서 따끈한 우동과 김밥 한 줄로 점심을 해결하고 종삼역에 도착하니 오후 1시 반이 지나고 있었다. 대개 이런 저소득층의 노인들은 화대가 싼 경증 장애인들을 찾는 게 보통인데 그는 임경희(본 책 인터뷰 속의 여인)를 만나게 되었다.

여관방으로 안내된 그는 그녀의 안내에 따라 샤워실로 들어가 임경희 씨의 도움으로 몸을 닦았다. 생각해보니 그는 목욕한 지가 꽤 오래되었다. 옷도 갈아입은 지가 오래되었다. 그의 몸에서 불결한 냄새가 났다. 친절하게 머리까지 깔끔하게 감겨준 그녀는 전혀 차별하지 않고 상냥하고 친절하게 지극정성을 다하여 서비스했다.

남자란 적어도 그 시간만은 남자이고 싶다. 기왕에 거금을 지불하고 하는 일이니 최대한 즐기고 싶다. 되도록 깊이 넣고 싶고 삽입한 상태에서 오래 있고 싶고 그 탐스러운 여체(女體)를 오래도록 갖고 있고 싶고……. 그러나 그럴수록 매정한 시간은 빨리 흘러갔다. 초조한 마음이다 보니 사정(射精)을 억제하기가 더 어려웠다. 찰라의 순간처럼 사정이 지나갔다. 그런 그를 보고 그녀가 지나가는 말처럼 정보를 줬다. 어떤 분들은 적은 비용으로 즐기기 위해 약간의 정신장애를 가진 여성들만을 찾아다닌다고…….

그녀들을 상대할 때는 등급에 따라 5,000~20,000원 이면 되는데 그래도 혼자서 마스터베이션(자위)을 하는 것 보다는 여자의 몸을 가지고 하니까 훨씬 즐겁다고 하더라! 그는 아무 대답이 없이 아쉬운 표정으로 그녀와 다음을 약속하지 못한 채 헤어졌다. 무거운 발길이었다.

돈이 뭔지 사지가 건강하다는 게 뭔지 그런 것을 갖추지 못한 자신의 신세가 정말 한탄스러웠다. 집이라고 돌아왔으나 좁디좁은 차가운 공간. 그는 북받치는 설움에 하염없이 쏟아지는 눈물을 주체할 수가 없었다. 인간의 고독은 다양하다. 그러나 자기처럼 신체적 장애에 경제적 빈곤 그리고 노년에 홀로 살아가는 고독은 그리 많은 사람이 겪는 것 같지 않을 것 같다. 무슨 천벌이라도 받는 걸까? 더욱 서럽다.

8. 억압된 성적 욕구

'용불용설'은 생물이 환경에 대한 적응력에 관한 학설이다. 자주 사용하는 부위는 발달하고 사용하지 않는 부위는 퇴화하여 결국은 흔적만 남게 된다는 프랑스의 진화론자이며 생물학자인 J·마르크가 주장했다. 인간의 성(性) 기관도 마찬가지여서 오랫동안 사용하지 않으면 성기의 기능이 퇴화함은 물론, 건강 전체에 악영향을 준다는 것은 이미 과학적으로 입증된 사실이다. 손톱과 발톱의 예를 들어보자 손은 발보다 더 많이 쓰기 때문에 손톱의 자라는 속도가 발톱의 4배 더 빠르다고 한다. 그중에서도 가장 많이 쓰는 인지와 중지의 손톱 성장 속도가 더 빠르다.

그런데 성 에너지는 자연스럽게 퇴화하는 것이 아니다. 시시때때로 자신의 퇴화를 더는 진행하지 말라고 명령을 내린다. 그래서 본능이다. 인간의 꼬리뼈가 퇴화할 때와는 상황이 다른 것이다.

이 본능이 장기간 억제되면 그 에너지가 성격을 비뚤어지게 만들어 정서적으로 황폐해지고 난폭해지고 잔인해진다. 정상적인 삶을 유지할 수 없다. 인간관계가 제대로 이루어지지 않는다. 고독해지고 우울증이 찾아온다. 다시 우울증은 치매로 이어지며 각종 질병이 찾아오고 자살로 생을 마감하는 지경에도 이른다.

충족되지 않은 노인들의 섹스는 범법 행위를 증가시키는 요인으로도 작용한다. 반면에 만족한 섹스를 하고 나면 천하를 다 얻은 것 같은 안정감과 평화 그리고 삶의 의욕이 왕성해진다.

수명의 연장은 그만큼 건강이 좋아진 것을 의미한다. 따라서 노인들의 욕구가 다양해졌고 그중에서도 생리적 욕구인 성적 욕구가 강해졌다. 독신 고령자들의 경우 그 욕구를 전혀 해소할 방법이 없고 배우자가 있다 하더라도 어느 한쪽이 성생활이 불가능한 상황이라면 난감할 수밖에 없다. 그렇다고 건강한 사람에게 욕구를 억제하고 여생을 살라고 하는 것은 삶에 그 어떤 의미도 갖지 말라는 가혹한 일이다.

해소할 길은 없고 욕구는 치솟고 여건은 어렵고……. 일부 자제력이 부족한 노인들이 덜컥 범죄를 저지르는 경우가 많다. 경찰청 고령자 범죄 통계자료를 보면 65세 이상의 고령자

성범죄자가 꾸준히 늘고 있다. 안타깝기 그지없고 사회에 그 책임은 없는지 물어보고 싶다.

2011년

강간, 강제 성추행(성 풍속사범 제외)

남자 : 600명

여자 : 8명

2012년

강간, 강제 성추행(성 풍속사범 제외)

남자 : 668명

여자 : 8명

· **사례 8**

황영수(87, 가명) 씨는 송파구 신천동에 산다. 슬하에 2남 2녀, 4남매를 두었는데 모두 성가하고 성공하여 잘살고 있다. 그는 일제강점기 때 일본에서 대학까지 나온 엘리트다. 그는 일본과 거래를 하는 소규모 무역회사를 경영하여 돈을 꽤 벌었다. 남들에게 알부자란 소리도 듣는다. 고령이 되면서 경쟁도 치열해지고 따라서 경기도 옛날만 못해져 회사를 정리하고 유유자적(悠悠自適)하며 부인과 여행도 다니고 친구들과 어울려 놀며 태평(泰平)한 노후를 보냈다.

그러던 그에게 불행이 찾아왔다. 부인이 갑자기 뇌졸중에 걸려 쓰러지게 된 것이다. 경제력이 있기 때문에 백방으로 노력했지만 3년간의 투병 끝에 부인은 결국 세상을 떠나고 말았다. 그의 나이 83세 때다. 그러니까 벌써 4년 전의 일이다. 그 후 그는 여행(특히 일본 여행)도 다니고 친구들과 어울려 놀며 소일을 하고 있지만, 날이 갈수록 고독이 스며들기 시작했다.

특히 밤에 잠자리에 들 때면 허전하기가 짝이 없다. 아내와의 살아왔던 세월도 시간의 흐름에 따라 희미해져 가고 아내를 대신 해줄 여성의 필요성이 점점 더 커진다. 그는 미남형이다. 1m 80cm의 훤칠한 키에 얼굴 또한 잘 생겼고 피부 역시 적당히 희어서 귀공자 타입의 노신사다. 살아온 인생 경력이 화려하고 여자를 잘 아는 그여서 여성 헌팅에도 남다른 수완이 있다.

이런저런 류(類)의 젊은 여자들을 하나, 둘 사귀어 봤다. 그의 인상이 여자들의 호감을 사는 부드럽고 후한 인상이어서 많은 여자가 꼬였다. 그녀들은 경쟁적으로 그에게 접근하고 서비스를 제공했다. 그러나 그는 구십이 가까운 노인이다. 그 젊은 여인들이 노리는 것은 멋진 노신사를 영원한 동반자로 생각하는 것이 아니다. 겉으로는 그런 약속을 하지만 그것은 위장이고 기만이다. 그녀들은 항상 다른 계산을 했다. 다시 말해 당신은 80대 고령이기 때문에 언제 죽을지 알 수 없으니 재산을 만들어 달라고 요구했다. 그것은 30대의 여성이나 60대의 여성이나 똑같았다. 그동안 미련을 갖고 푼돈으로 허비한 금액을 계산해 보니 결코 적은 액수가 아니었다. 그래서 그는 생각을 바꾸었다. 종삼을 생각했다. 자존심이 상하긴 하지만 그래도 그 방법이 가장 나을 것 같았다. 의외로 괜찮은 상대들이 있다는 정보도 갖고 있었다. 아깝게 거금을 허비하는 것보다 훨씬 속 편하고 나을 듯했다. 그는 초저녁의 시간을 이용하기로 했다.

그렇게 찾아가 만난 여인이 권영란(인터뷰Ⅱ의 여인)이었다. 다행이었다. 그만하면 3만 원은 미안할 정도로 저렴한 화대(花代)였다. 환경이 열악한 것이 좀 신경이 쓰였지만, 그것은 도리가 없는 것이고 우선 그녀의 몸매가 시선을 끌었다. 직업여성이라는 것을 빼면 흠잡을 데가 거의 없다. 게다가 상냥하고 친절하며 예의까지 바르다.

최근에 남성호르몬 보충치료를 받았다. 그래서인지 알맞게 발달해 있는 그녀의 나신(裸身)에 그놈이 금방 공격태세를 취한다. 그녀로서는 발기가 안 돼서 애태우는 사람들보다는 이렇게 불끈 서는 사람이 훨씬 상대하기가 좋다.

이 멋진 노신사와 권영란 씨의 행위는 동등한 남녀의 입장이 될 수 있었다. 권영란 씨가 동정이나 연민을 가지지 않아도 되었다. 대개 그렇게 생긴 사람들은 정해진 화대 외에 별도의 팁을 주기도 한다. 그러니 권영란 씨 자신도 굳이 시간에 얽매이지 않아도 된다.

그녀는 최대한의 서비스를 제공했다. 서비스라는 것이 어차피 몸으로 하는 것이니 더 진한 서비스를 한다고 육체의 어느 한 부분이 훼손되는 것도 아니지 않은가? 오히려 뜨겁게 할수록 건강엔 더 좋은 것이고 만족한 오르가슴을 많이 느낄수록 건강에 훨씬 좋다는 것 정도는 그녀도 잘 알고 있다. 마음에 드는 상대라면 육체를 실컷 불태우고 싶은 욕망은 그녀도 강하게 갖고 있다. 그래서 그런 상대가 오면 오히려 놓칠세라 은근히 더 적극적이다.

노신사가 하는 대로 맡겼다. 여자를 다룰 줄 아는 그는 우선 그녀의 머리카락부터 애무를 시작했다. 그리고 머리 전체를 마사지했다. 그리고 귓불도 만지다가 잘근잘근 깨물어 주었다. 그리고 목덜미를 빨아 주었다. 그리고 어깨를 주무르고 풍만한 가슴을 누볐다. 터질 듯이 부풀어 오른 유방을 부드럽게 쓸어주었고 여성에게 있어 극락소라고 하는 발끈 솟은 젖꼭지를 만지고 빨았다.

모든 여성이 민감하게 받아들이는 곳으로 알려진 소음순을 집중적으로 자극하는 것도 잊지 않았다. 귓전에 대고 그녀의 아름다움을 찬미해주고 착하고 친절한 태도도 칭찬해 주었다. 목덜미에 키스 세례도 퍼부으며 머리카락을 다시 만져주고 양팔의 안쪽을 혀로 빨아주며 겨드랑이 밑도 적절히 자극을 주었다.

한쪽 손으로 등줄기를 쓰다듬으며 한 손으로는 엉덩이 부위를 살짝 쥐었다 놓았다. 다시 살짝살짝 토닥여 주고 양다리는 그녀의 다리와 마찰하며 그녀의 표정을 살폈다. 고감도(高感度) 부위를 집중하여 공격하는 행위다. 그러면서도 저감도(低感度) 부위로 여겨지는 곳도 애무를 소홀히 하지 않았다. 여성은 몸 전체가 성감대(性感帶)라는 것을 그는 잘 알고 있다. 그녀의 눈동자는 이미 초점을 잃고 있었다. 숨소리도 가빠지고 있고 앓는 듯한 신음이 나오기 시작한 지도 이미 한참이다. 몸을 뒤틀고 있다. 그녀의 몸이 상당히 닳아 오른 것을 느끼며 이번에는 소위 여성의 승천구역(昇天區域)으로 불리는 결전장(決戰場)을 향하여 이동하기 시작했다. 그곳은 생명천(生命泉)이 무성한 삼림(森林)으로 둘러싸여 있다.

그곳을 점령하기 위해 탐색병(探索兵)인 오른손 손바닥을 가볍게 돌리며 마사지를 했다. 약지(藥指)와 중지(中指)를 버자이너에 넣고 클리토리스를 자극하기 시작했다. 질육(膣肉)이 두터우면서도 힘찬 그녀는 G.스팟도 확실히 있었다. 현대여성의 미인기준에는 성기 모양도 포함된다고 하는데 그녀는 보기 드문 명기(名器)를 소유하고 있었다. 그런 명기는 남성의 자극을 촉진한다. 미인에 명기! 그것은 금상첨화다.

발바닥을 자극하기 시작하니 그녀는 더는 못 참겠다는 듯 몸을 비틀고 요동치기 시작했다. 그는 불끈 선 자신의 명검(名劍)을 바라보며 돌격 앞으로! 태세를 갖추었다. 그녀는 잽싸게 눈치를 채고 삽입이 잘될 수 있도록 양다리를 좌우로 열어주는 자세를 취해 주었다. 페니스가 쉽게 삽입될 수 있도록 배려하는 것이다. 페니스가 들어가자 양다리를 X자로 꽉 감더니 힘껏 힘을 주었다. 노신사의 남성은 그 흡입력을 거역할 수 없었다. 그러자 그녀는 자기의 엉덩이를 불끈 들어 올리며 힘껏 잡아당겼다. 천천히 최대한 깊이 들어가도록 신경을 써 주는 것이다. 그리고 다시 양다리를 쭉 펴서 오므리고는 피스톤 운동을 하라고 했다. 버자이너를 최대한 좁혀주어 남자르 하여금 최대한의 쾌감을 느낄 수 있도록 해주는 것이다. 그는 맛을 음미하며 서서히 육봉(肉峰)으로 사정없이 방망이질하기 시작했다. 일심구천(一深九淺), 이심팔천(二深八淺), 상하로

좌우로 원을 그리며 돌려보기도 하고……. 아, 즐거웠다. 이런 즐거움이 삶을 풍요롭게 한다. 이런 쾌락이 있어야 살아 있다는 것에 감사할 수 있다. 그녀는 호흡을 잘 맞춰 주었다. 그녀 역시 즐기고 있는 것이 분명하며 실제로 그녀의 몸과 표정이 즐거움을 나타내고 있었다. 피차간에 절정의 순간이 다가오면서 그녀는 몸을 어떻게 할지 몰라 격하게 요동치고 있었다. 동시에 애교와 미태(媚態)도 빼놓지 않았다. 그녀는 사랑스러웠다. 놓치고 싶지 않다. 그는 그녀를 바스러지도록 힘껏 안았다. 그러면서 육봉을 더 깊이 넣고 몸에 관통이라도 시킬 듯이 최대한 밀착 시켰다. 그야말로 달인들이 만나 불을 뿜는 한 판 승부였다. 화염방사기가 내 뿜는 살인적인 열기는 두 사람의 말초신경을 완전히 마비시켰다. 지금 이 순간은 어느 한쪽이 부서지고 녹는 게 문제가 아니었다. 더 황홀하고 더 짜릿하게, 오직 그것만을 위한 절체절명의 순간이다.

히포크라테스는 절정의 순간을 작은 죽음이라고 했다. 그만큼 섹스의 절정은 숨이 멎을 듯 황홀하다. 바로 인간만이 느끼는 쾌감이다.

불을 뿜는 격전은 끝이 났다. 더 깊이 삽입된 상태에서 더 오래도록 머물고 싶었지만 모든 것이 인간의 욕심대로 되는 것은 아니다. 그녀는 몇 번이나 오르가슴을 느꼈다. 이런 만족을 느낄 수 있게 해주는 고도의 테크닉을 발휘해 주는 상대는 그리 많지 않다. 우선 고객의 좋은 인상, 신체적 조건, 그가 가진 풍부한 지식, 여성을 다룰 줄 아는 섹스 테크닉, 그가 가진 경제력에서 풍기는 당당함 등을 여성이 느낄 수 있어야 오르가슴을 느낄 수 있다. 그런 파트너를 만난다는 것은 그리 쉽지 않다. 그 노신사는 그런 모든 조건을 다 갖추고 있었다.

황홀했다. 그리고 환상적이었다. 무아의 경지가 무엇인지도 알았다. 한바탕 격전을 치르고 씨근덕거리며 호흡을 골랐다. 두 사람의 몸은 땀으로 뒤범벅이 되었다. 격했지만 그러다 죽어도 여한이 없을 것 같은 행복을 느꼈다. 일진광풍(一陣狂風)이 휩쓸고 지나간 대지는 평정을 되찾았다. 허탈하면서도 만족을 느끼며 살아 있음에 감사했다. 또 그것은 살아있음을 확인시켜 주었다. 그는 다시 그녀를 토닥여주고 샤워를 하고 오늘은 다른 고객을 받지 말고 맛있는 것을 사 먹고 휴식을 취하라고 하면서 팁을 넉넉히 쥐어줬다.

그는 70평대 아파트에 산다. 아내가 세상을 떠나고 가사도우미가 와서 도와주고 가면 그 큰집에 혼자 있었는데 50대의 큰아들이 살던 집을 세를 놓고 들어왔다. 아버지가 외롭다고 배려한 것이다. 손자들을 보는 재미는 섹스의 재미와는 또 다른 희열이다. 그래서 일단 집에 들어오면 가족들이 있어 좋다.

그러나 인간은 남녀를 불문하고 아무리 늙어도 함께 잠을 잘 수 있는 짝이 필요하다. 이성(異性)이 필요한 것이다. 그게 바로 부부다. 연인도 좋다. 새벽 시간에 눈을 떠보면 세상은 텅 비어 있다. 외롭다고 고독하다고 생각하지도 않았는데 눈물이 주르륵 흐른다. 역시 나이 탓일 거다. 죽음의 사자는 이미 와 있는지도 모른다.

"인제 그만 됐소."

내가 한마디만 하면 끝나게 되어 있다. 그러나 나는 아직 이 세상에 더 머무르고 싶다. 개똥밭에 굴러도 이승이 좋다고 했는데 굳이 내 의지로 이 좋은 세상을 떠날 필요는 없다. 먼저 떠나는 친구들은 친구고, 나는 나다. 어차피 인간의 운명은 다 다르지 않은가?

여호와 하나님이 이르시되 사람이 혼자 사는 것이 좋지 아니하니 내가 그를 위하여 돕는 배필을 지으리라 하시니라(창:2-18)

9. 노인들이 주의해야 할 성병

노인들은 대개 콘돔사용을 꺼린다. 그것은 그들이 젊을 때부터 사용하지 않은 습관이기도 하지만 쾌감의 강도가 떨어진다는 인식 때문이다. 그래서 노인은 살과 살이 마찰해야 직성이 풀리고 여성의 질 안에 사정해야 만족을 느낀다.

일부 남성 노인들의 그러한 행위는 결과적으로 젊은 그녀들에게 원하지 않는 임신을 시킬 수도 있다. 불행한 일이다. 또한, 자신도 무서운 성병에 걸려 여생을 더 불행하게 살게 된다는 점을 명심해야 한다.

국민건강 심사평가원은 노인들의 성병 통계자료를 파악해 본 결과 일부 성병은 매년 증가한다고 한다. 이는 물론 매년 급증하는 고령 인구의 증가에도 그 원인이 있지만 역시 콘돔 사용을 꺼리는 데서 오는 결과이다.

65세 이상 노인들의 성병 통계

구분		환자수				
질병코드	명칭	2009년	2010년	2011년	2012년	2013년
A50	선천매독	30	36	46	37	26
A51	조기매독	337	363	388	385	410
A52	만기매독	559	535	551	563	630
A53	기타및상세불명의매독	1,528	1,571	1,764	2,121	2,346

A54	임균감염	332	347	336	309	267
A55	클라미디아림프육아종 (성병성)	1	7	6	16	11
A56	기타성행위로전파되는 클라미디아질환	59	69	302	285	238
A57	무른 궤양	59	69	78	55	39
A58	사타구니육아종	16	14	18	14	11
A59	편모충증	2,076	2233	2302	2559	3614
A60	항문생식기의헤르페스 바이러스[단순헤르페스] 감염	9044	10200	11123	11276	11599
A61	달리 분류되지 않은 주로 성행위로 전파되는 기타질환	588	727	658	734	711
A62	상세불명의 성행위로전파되는 질환	56	50	115	95	109

· 사례 9

한상태(83, 가명) 씨는 공덕동에 산다. 슬하에 3남 2녀의 5남매를 둔 그는 언제나 빈곤이 그의 곁을 떠나지 않는다. 이제는 자식들이 성가(成家)하여 그런대로 살고 있지만, 노후대책이 안 된 그는 산비탈에 매달린 오래된 10평짜리 빌라 한 채가 전 재산이다. 어렵게 평생을 같이 살아온 아내가 간암으로 세상을 떠난 것은 4년 전이다. 그의 나이 79세 때다.

생활비라고 자식들이 보내주긴 하지만 자녀들한테 타 쓰

는 생활비라는 것이 항상 빠듯할 수밖에 없다. 그러나 경제적 빈곤보다 그를 더 고통스럽게 하는 것은 고독이다. 참을 수 없는 외로움이 뼛속까지 파고들어 온다.

주위의 친구, 친지 중에 세상을 떠나는 이들이 자꾸 늘어나고 있다. 노인 요양원이나 병원에 간 지인들도 많다. 자기도 언제까지 살 수 있을지 모르겠지만 일단 살아 있는 동안에는 행복해지고 싶다. 그래서 천단 가지의 공상을 다 한다. 그런데 그 공상의 끝에는 항상 여자가 있다. 로또 복권에 당첨되어 일확천금이 생겨 호강해 보는 꿈, 그런 돈으로 젊은 미인을 만나 무아의 경지에 빠져드는 섹스의 꿈.

그러다가 공상에서 깨어나면 다시 인생이 허무해지고 밀물처럼 밀려오는 고독에 시달린다. 그런 일상이 하루하루 쌓이면서 온갖 잡생각을 하다 그는 종묘와 종삼역을 떠올렸다. 조상님 덕분에 건강 하나는 튼튼하게 태어나 세상을 살아나 가는데 큰 재산이 되고 있고, 정력 또한 절륜한 편이어서 아직 여자를 체념하기에는 억울하다.

늦겨울의 비가 차갑게 내리는 2월 말의 어느 날, 오늘따라 평소와 달리 마음이 심란했다. 누군가와 만나 진한 대화를 하고 싶고 누군가로부터 따뜻한 사랑을 받고 싶고 으스러지도록 여체를 안아보고 싶고……. 그러나 그럴 상대가 없지 않은가? 몇 번이나 궁리하고 망설이다 마침내 결단을 내렸다. 그래. 종로에 가보자! 많은 노인이 고독할 때면 거길 찾아가 위안을 받고 생리적 욕구도 채우고 짧은 시간이지만 좋은 여자 만나면 인간적인 대화도 나누다 오는 것 같더라.

비는 좀 잦아들었다. 점심을 일찍 해결하고 종삼역에 도착해보니 오후 2시가 막 지나서였다. 두리번거리며 살피다가 한 여자와 눈이 마주쳤다. 그녀가 안내하는 대로 따라간 여관 3층. 방안은 따뜻했다. 그녀는 오전에 한탕밖에 못 뛰었다고 불만을 토로했다.

옷을 벗고 드러눕고 그녀가 따뜻한 물수건으로 음부(陰部)를 닦고 또 그녀가 내미는 콘돔을 끼웠다. 따뜻한 여체를 좀 즐기고 싶어 시간을 끌고 싶은데 드러눕자마자 그녀의 전화가 빗발쳤다. 소위 그녀의 단골들이란다. 그녀는 즐거운 비명을 지르고 있었지만, 그는 분위기가 어수선하여 실력발휘가 제대로 안 되었다.

그런 눈치를 챈 그녀는 노인들이 선호하는 정상위(앙와위)의 체위를 취하여 그를 배 위에 올려놓더니 적당히 선 그의 페니스를 자신의 양다리를 좌우로 벌이고 집어넣어 주었다. 그리고 충분히 삽입이 이루어지자 두 다리를 허리에 감고 힘을 한번 냅다 주니까 흡입기가 빨아들이듯이 한 씨의 남성이 쭉 빨려 들어갔다. 그녀는 양다리를 다시 일자로 쫙 폈고 피스톤 운동을 하게 했다.

극도로 흥분이 고조되고 기분이 좋았다. 그녀는 짧은 시간에 그가 가장 즐거운 섹스를 할 수 있도록 유도하며 서비스를 했다. 아무리 어렵고 고달픈 삶을 살아가는 사람이라도 적어도 이 시간만은 즐겁다. 보드랍고 촉촉이 물기 머금은 여체를 실컷 감상하며 따뜻한 그 체온을 조금이라도 더 느끼고 싶다. 그리고 삽입한 채로 오래 있고 싶다. 여체는 향기롭다. 속도를 내자니 금방 사정을 할 것 같고 그대로 오래 있자니 그녀가 다음 고객을 맞을 생각을 하는 것 같고 그런 분위기에서 작업하다 보니 흐르는 시간이 무정하고 얄미웠다.

그녀는 다시 양다리를 그의 허리 뒤에서 X자로 꼬더니 힘껏 수축작용을 몇 번 해댔다. 그는 더는 못 참을 절정에 이르고 정신이 아찔해지더니 사정을 하고 말았다. 이 기막힌 시간을 다른 사람들은 어떻게 넘길까? 궁금하고 벙벙했다. 얼결에 치른 행사, 누구나 다 그렇겠지만 아쉽고 허탈했다. 인간은 이 순간의 즐거움에서 왜 자유롭지 못한가? 치르고 나면 별것 아닌데……. 그래도 며칠이 지나고 나면 다시 또 생각나는 그 섹스! 인간에게 있어 그것은 단순한 쾌락이 아니다. 그 시간만큼은 인간에게 있어 온 몸으로 사랑을 주고받는 행위이며 살아야 하는 의지를 심어주는 특별한 행사다. 특히 노인들에게는 위로를 주고받는 축복의 시간이다. 몸으로 나누는 대화와 입으로 나누는 대화. 왜 이걸 언제든지 필요할 때 그리고 서로를 이해하고 통할 수 있는 상대와 나눌 수 없는 걸까? 박복한 인생이란 바로 이런 것이다. 그래서 노인들은 섹스에 관한 생각이 젊은이들과는 사뭇 다르다. 한 번이라도 그런 기회가 찾아오기를 바라며 기회가 주어지면 머뭇거리다가도 다음에 또 기회가 오지 않을 수도 있다는 불안감에 놓치고 싶지 않고…….

젊은이들에게는 늙은이들의 추태로 비칠 수도 있다. 그러나 그들에게는 더없이 소중한 시간이고 행사다.

그는 그렇게 행사를 마치고 또 쓸쓸한 집으로 무거운 발길을 돌렸다. 누가 맞아줄 사람도 대화할 사람도 없는 그 고요한 집으로 돌아오며 짧으나마 오늘 즐거웠던 시간을 머리에서 지우고 싶지 않았다. 그 싱그럽고 통통한 육체, 백옥같이 흰 살결, 탐스러운 앞가슴, 터질 듯이 부풀어 있는 유방, 앵두 같은 젖꼭지, 미끈한 각선미, 소녀같이 보드라운 손, 페니스 운동을 할 때 그녀가 미간을 살짝 찌푸리며 내던 신음과 미태(媚態), 또 그녀의 음부(陰部) 일대

(一帶)의 울창한 숲, 거기서 풍기는 향기, 그 모든 것을 오래도록 기억하고 싶다. 적어도 그런 생각을 하는 동안만은 행복했다. 노년의 쓸쓸한 삶은 그렇게 흘러가고 있다.

10. 노년에 주의해야 할 이성 교제

노인이 되면 판단력이 흐려져 어리석은 일을 저지르기 쉽다. 특히 젊은 여성에 대한 욕심은 떨쳐버리기가 쉽지 않다. 그래서 나쁜 마음을 먹고 노인들에게 접근하는 여자들을 쉽게 이겨내지 못한다.

가령 30대의 여성이 80대의 노인과 결혼을 전제로 접근해 온다고 그 말을 믿고 좋아서 어떤 결정은 한다면 당신은 이미 거지가 된 것으로 생각해야 옳을 것이다. 물론 그렇지 않은 여성이 전혀 없으라는 법은 없지만, 그것은 하늘이 준 복이 아니면 기대하기 어렵다. 필자 역시 노인이라서 이런 점에 많은 관심을 두고 예의 주시한다.

원숭이도 나무에서 떨어질 때가 있다는 속담이 있다. 아무리 똑똑한 사람이라도 실수가 있는 법이니 젊은 여성을 욕심내다 노년에 비참한 꼴을 당해서는 안 된다는 점을 늘 염두에 둘 필요가 있다. 버려야 할 노욕(老慾)이다.

① 30대 꽃뱀에게 당한 60대 재력가

노년에 바람이 나면 용마루가 날아간다고 한다. 특히 고령이 되면 판단력이 흐려져 한 가지만 생각하고 뒤에 오는 문제는 잘 모를 수가 있다. 그래서 남자는 꽃뱀에게 여자는 제비족에게 걸리면 패가망신(敗家亡身)을 당하는 경우가 허다하다.

2009년 5월 27일 강서구 방화동에 거주하는 장 모 씨(68)는 동네 단골 식당 여주인 오 모 씨(52)의 소개로 30세 여성과 교제를 시작, 그녀가 유인하는 대로 노래방 등을 함께 다니며 즐겁게 놀고 모텔에 들어가 쉽게 성관계를 했다.

그러나 그들의 계략에 넘어가 1억 5,000만 원을 요구하는 협박에 시달리다 우선 150만을 주고 나머지는 다음에 주는 조건으로 일단 합의를 봤다. 150만 원을 건네고 막 그 장소를 파하려는 중 그녀들이 체포되는 사건이 벌어졌다. 그녀들은 같은 유형의 다른 범죄 혐의를 받고 양천경찰서의 수사망에 걸려 있었다. 다행히 그는 더 이상의 협박은 받지 않게 되었다. 박카스 아줌마와 뒤탈 없는 3만 원짜리 섹스와 어떤 차이가 났을까? 하는 생각을 하며 씁쓸한 웃음이 나왔다. 그런 경우를 보면 박카스 아줌마에게 가서 한정된 시간에 정해진 금액을 주고 해결하는 편이 현명할는지도 모르겠다. 왜냐하면, 그런 여자들이라고 해서 성병이 없다는 보장도 없고, 진심으로 따뜻한 대화를 나눌 상대가 아니기 때문이다.

② 어느 70대 재력가의 비극적 순정

100억 원대의 연 매출을 올리는 주류업자 모(남, 72) 씨는 재력가들만 유인하여 벌이는 사기도박꾼 일당에게 걸려 미모의 이 모 씨(여, 44)를 만나게 되었다. 미인계(美人計)라는 것이 다 그렇듯이 그녀는 쭉 빠진 육체와 미모를 무기로 그를 녹이기 시작했고 그는 그녀의 계략에 녹아들었다. 성남의 어느 기원에서 친지의 소개로 만난 그들은 전국의 골프장과 유명한 식당을 찾아다니며 행복을 만끽했다. 그는 혼을 빼앗기고 육체를 불태웠다. 여자 나이 44세면 섹스에 대한 맛을 진짜 아는 나이다. 많은 남자를 상대한 그 여인이 그의 넋을 빼놓는 것은 식은 죽 먹기다. 70대의 그도 여성의 속 맛을 알 만큼 아는 나이 아닌가? 하지만 판단력이 둔해진 모 씨는 그 뒤를 생각하지 못했다. 30~40대로 구성된 꽃뱀들에게 5억 원 이상 털린 사실은 양주경찰서에서 그들의 범행이 드러나면서 확인되었지만, 그는 끝까지 믿으려 하지 않았다. 내 애인이 꽃뱀이라니? 깊은 정이 들어버린 그의 눈엔 눈물이 가득 고였다. 이 사건은 노인들에게 경종을 울리는 충격적인 사건이었다.

경제적으로 넉넉하지 않은 노인들도 외로워서 누가 정을 조금만 주면 어렵게 모은 전 재산 몇 천만 원을 홀딱 날리고 땅을 치며 후회하는 일도 많다. 정신 바싹 차릴 일이다.

③ 산산이 부서진 '황혼의 꿈'

71세의 남성이 행복한 노년의 꿈을 꾸며 50세의 여성을 사귀었다. 가지고 있는 전 재산 2억 1,000만 원을 주었으나 그녀가 배신했다. 남성은 그 돈을 돌려받을 양으로 소송을 제기했으나 2009년 10월 14일 서울중앙지법에 의해 패소 당한 사건이 있었다.

이런 사건은 우리 주변에서 흔히 있는 일로 젊은 이혼녀 중 일부 여성들이 노인들을 사기의 대상으로 삼은 예이다. 그녀들은 노년의 외로움을 달래주며 접근해서 경제적 이익을 챙긴 후 이런저런 트집을 잡아 달아나는 수법을 쓴다.

그녀들은 몇 번만 그런 방법을 쓰면 노후대책을 충분히 세울 수 있을 것이다. 그러나 사기를 당한 늙은 남자는 있는 재산 다 털리고 나면 살아야 할 의지가 모두 사라진다. 그래서 가끔 스스로 생을 마감함으로써 자신의 후회를 끝내는 사건이 생긴다. 살인행위와 다를 바 없는 짓을 하는 여인들이여. 먹고 살기 위해 택한 행동이겠지만 제발….

노년에는 손에 있는 재산이 한 번 나가면 다시는 돌아오지 않는다는 것을 명심명심하여 정말 어리석은 짓을 하지 말아야 한다. 극단적으로 말하면, 노인들은 다른 것은 전부 없어도 살 수 있지만, 돈이 없으면 살 수 없다. 돈이 곧 생명수다.

④ 7억여 원을 뜯긴 어느 80대

모 씨(남, 80)는 아내가 노인 요양병원이 입원해 심란하고 쓸쓸한 나날을 보내고 있었다. 그러던 그가 등산길에서 우연히 모 씨를(여, 49) 만나 사귀게 되었다. 빚이 많은 그녀는 그가 재력이 있음을 알고 그에게 접근해 성관계를 갖기 시작한 뒤 7억 3000만 원을 차용금으로 받아 가로챘다. 그녀는 고위 공직자 부인이었다.

13억 원의 채무가 있어 이에 대한 이자가 매월 2,000만 원 이상이나 되었다. 그런 거액을 사취당하였음에도 그는 그녀를 끔찍이 사랑했다. 생각해 보면 80더 고령자가 40대 여성과 사랑을 하고 그 향기롭고 싱싱한 육체를 안아본다는 것은 꿈만 같은 일이다. 아마도 눈에 넣어도 아프지 않을 만큼 귀엽고 예쁠 것이다. 게다가 그녀는 고위공직자 부인 아닌가? 분명 명문대를 나온 엘리트일 것이다. 그녀의 높은 학력은, 필시 그녀가 유복한 가정에서 성장했음을 의미하기도 한다. 용모도 당연히 빼어났다. 비록 지금은 어쩌다가 빚에 몰려 타락한 신세가 되었지만, 그의 행동거지는 품격 있고 교양미가 넘쳤을 것이다. 모 씨는 섹스를 비롯한 모든 면에서 지금까지 체험하지 못한 서비스를 받았을 것이다. 그 나이가 되면 그런 여성들의 그런 고급서비스에 혼이 빠지기에 충분하다. 집에까지 들어와 부부로서 살아주는 그녀를 그는 결코 놓아주고 싶지 않았을 것이다.

그러나 그녀는 결국 노인의 가족들이 수차례에 걸쳐 제출한 고소장에 의해 수원지검 안양지청에 의해 사기죄로 구속되었다. 구속 사유는 판단능력이 흐려진 고령자임을 악용하여 거액의 금품을 사취했으니 그 금액을 돌려주고 처벌을 받으라는 내용이다.

이런 경우는 우리 주변에서 흔히 볼 수 있는 일들이다. 고령이 되면 사람이 그립고 정이 아쉽다. 누군가와 가까이 지내고 싶으나 늙었다는 이유로 무시당하기 일쑤다. 그래서 그 허전함을 메우려고 무리를 한다. 그러다 있는 재산을 다 날리고 막다른 길을 선택하는 경우가 종종 있으니 안타깝기 그지없다. 노인들에게 접근하는 젊은 여성들은 대부분 금품이 목적이다.

· 사례 10

박준호(94, 가명) 씨는 강동구 명일동에 산다고 했다. 종묘에 출입하는 고객 중 최고령자로 알려진 그는 상당한 엘리트의 기품이 배어 있다. 나이에 비해 젊어 보였고 우선 외모가 깔끔했으며 차림새도 아주 서련됐다. 풍기는 품새로는 대학교수는 충분히 될 법했다. 그는 일본어와 중국어를 자유자재로 구사했다. 성에 대한 지식도 해박했다. 그는 노년의 성을 알고 있었고 여성을 알고 있었다. 따라서 그 나이에도 성을 즐기려 노력했다. 거리의 여인을 직업여성으로 대하지 않고 자연스러운 남녀관계로 생각하며 모든 행동을 했다. 그 나이임에도 시대 감각이 뛰어났고 대화도 유머러스하게 이끌 줄 알았다. 재치가 있으면서도 코믹하고 그러면서도 교양미가 넘쳤다.

그는 대개 오후 네 시쯤 왔다. 그가 주로 선호하는 체위는 대부분 노인과 마찬가지로 앙와위(仰臥位)다. 서로 대면하여 상대와 눈을 맞추고 감상하며 행위 하기가 좋고 여성을 자극해 주기가 좋아서라고 했다.

그 상태에서 양다리를 최대한 좌우로 벌려 페니스를 삽입하면 가장 깊이 삽입이 되고 삽입하기 전에 여성기를 충분히 감상할 수 있다. 여성의 급소인 클리토리스와 G.스팟도 살펴볼 수 있다. 충분히 삽입이 완료되면 여자가 양다리를 위로 세워 남자의 허리 쪽으로 가져다가 X자로 꼰다. 그러면 서로가 서로에게 강한 자극을 받는다. 또한, 두 사람의 성기와 몸이 가장 깊게 밀착되어 여성의 따뜻한 체온을 느낄 수 있어 더할 나위 없이 좋다. 피스톤 운동을 자유스럽고 힘차게 하려면 그 상태에서 여자가 두 다리를 풀어 수직으로 들어주면 최상이다.

섹스의 깊은 맛을 너무 잘 아는 그는 그날도 본인의 기호대로 여성을 즐겼다. 고령이라 하더라도 질퍽한 버자이너에 페니스가 연신 전후좌우로 움직이며 격하게 피스톤 운동을 할 때 나는 성기의 마찰소리는 감미롭고 황홀하다. 두 사람의 배와 배가 부딪치는 소리 또한 어떠한가? 가히 환상적이다. 인간만이 연출할 수 있는 퍼포먼스다. 인간의 귀에는 9개의 근육이 있고 초당 5만 사이클까지 청취할 수 있으며 15,000가지의 소리를 식별할 수 있는데 남녀가 성교할 때 성기와 육체의 마찰소리처럼 혼을 빼놓는 기분 좋은 소리는 이 세상 어디에도 없다.

또 인간의 눈에는 광(光) 수용체(受用體)라고 하는 1억

3,000만 개의 간상체(桿狀體) 세포와 70C만 개의 원추형(圓錐形) 세포가 있어서, 500만 가지의 색을 식별할 수 있다고 한다. 인간은 섹스할 때 본 상대의 표정과 피부의 색깔 그리고 상대가 풍기는 체취를 몇 십 년 동안 기억한다고 하니 섹스가 인간에게 주는 의미는 언어로는 표현하기 어렵다. 그 노신사는 행복감이 넘쳤다. 올 때마다 살아있음을 확인하고 감사하며 흐뭇한 마음으로 돌아가곤 한다. 90이 훨씬 넘은 나이에 그는 한창 청춘을 구가하고 있으니 인간은 정말 불공평하다.

그는 한 여인을 단골로 삼았다. 그녀는 그를 극진히 접대한다. 젊음이 있어 그를 즐겁게 해줄 수 있는 것이 다행이고 보람이다. 항상 헤어질 때마다 노신사의 건강을 진심으로 빌어 주었다.

그런데 한 가지 염려되는 것이 있었다. 좀처럼 보기 드문 절륜한 정력의 소유자이긴 해도 1주일 간격으로 찾아온다. 그리고 섹스할 때마다 사정(射精)한다. 그녀가 건강을 생각해서 사정을 억제하라고 하면 사정하지 않으면 만족스럽지가 않다고 거의 매번 사정했다. 그리고 어느 날부터 그의 발길이 끊겼다. 그녀도 안타까웠다. 섹스가 인간에게 참 즐거운 것임은 확실하다. 그리고 그 시간만큼 행복한 시간도 없을 것이다. 인간에게만 주어진 특권이다.

그러나 너무 부족해도 안 되고 너무 지나쳐도 안 된다. 그래서 유대인들은 섹스를 강물에 비한다고 한다. 홍수가 져 강물이 너무 범람하면 주변의 모든 식물이 휩쓸려 나가거나 녹아 죽어버리고 너무 가물어 강물이 고갈되면 물고기를 비롯한 주변의 초목들이 다 말라 죽으니 강물은 적당히 유지되어야 한다고…….

그녀는 그 노신사가 여색(女色)을 너무 밝혀 비명(非命)에 갔는지, 천수(天壽)를 다하고 세상을 떠났는지 아직도 모른다. 다만 그녀의 기억 속에서 점점 희미하게 지워져 가고 있다.

젊은이가 부러워해야 할 사람은 나이 든 사람이다.
나이 든 사람은 나이가 든 만큼 잃을 것이 적기 때문에
우리의 삶을 의미 있게 만드는 가치와
원칙들에 더 많이 마음을 쏟을 수 있다.

[에부러함 캐플린, 『사랑 그리고 죽음』, 1973.]

제5장

노인과
건강댄스

춤바람 하늬바람

1. 운동은 뇌도 춤추게 한다

　도시 곳곳에 카바레와 유사한 노인 전용 무도장이 많이 생겨나고 있다. 청소년들이 즐겨 찾던 콜라텍도 이제 노인들의 문화공간이 됐다. 환영할 만한 일이다. 또래들과 소통하면서 신 나게 운동을 할 수 있기 때문이다. 그동안 노인들이 즐길만한 문화공간이 어디 흔했던가? 노인들은 공원에서 해바라기나 하면서 우울증 같은 질환을 끌어안고 무료한 시간을 흘려보내야 했다. 사람은 나이가 들수록 외부세계에 대한 관심을 줄이고 리비도가 자신에게 향하는 자기애적인 퇴행(나는 퇴행

▲ 정찬득 원장이 직접 실습을 지도하고 있다.

이라는 말을 쓰고 싶지 않다)을 겪는다고 한다. 이러한 증상을 정신분석학에서는 나르시시즘으로의 퇴행[38]이라 한다.

노인들의 경우 경제활동에서 소외되고 핵가족 제도가 정착되면서 자기 정체성을 유지하기 힘들다. 감정의 응어리를 풀지 못한 채 자신 속에 칩거해 가족이나 친구와의 관계도 소원해진다. 외부세계와의 단절이다. 감정 흐름의 기복이 커진다. 그리하여 우울증이나 치매 등 노인성 정신질환이 발생할 가능성이 높아진다. 주변인들과의 소통 부재로 심한 외로움을 느끼며 누군가에게 의지할 수 있기를 바란다. 이 시기에 겪게 되는 경험이나 변화에 적응하고 대처하는 과정에서 노인들은 심리적인 고통을 겪는다.

경찰청에 따르면 전체 범죄 중 61세 이상이 저지른 범죄의 비율은 2000년 2.7%에서 2012년 7.3%로 3배 가까이 늘었다. 이는 고령화 속도보다도 빠른 속도다. 노인 범죄 증가가 단순히 노인 인구가 늘면서 생긴 현상이라고 보기 어려운 이유다. 특히 71세 이상이 저지른 범죄는 최근 들어 더욱 빠르게 증가하는 추세다. 61세 이상이 저지른 범죄 중 71세 이상이 차지하는 비율은 2000년 14.6%에서 2012년 21.2%로 늘었다.

---

38 나르시시즘으로의 퇴행은 생명체의 자기 보존적 욕구를 의미한다. 프로이트, 「나르시시즘론」, 『정신분석학의 근본 개념』, 46-48쪽.

눈여겨볼 사항은 노인들의 살인, 강도, 성폭력, 방화 등의 강력범죄가 더 빠른 속도로 증가하고 있다는 사실이다. 전문가들은 이 같은 노인 범죄의 급증은 노인의 사회적 소외감과 박탈감이 원인이라고 입을 모으고 있다.

이 통계는 노인 문화나 생활 체육에 대한 보다 구체적이고 적극적인 정책이 필요하다고 역설하는 듯하다. 나르시시즘으로의 퇴행을 긍정적 사회적 관계로 이끌어 내야 한다.

노인 전용 무도장과 콜라텍이 성황을 이루고 있다는 것은 반가운 일이다. 음악에 맞춰 신나게 몸을 흔들면 흘린 땀만큼 몸과 마음이 개운해진다고 노인들은 말한다. 지당한 말이다. 건강한 육체에 건강한 정신이 깃드는 법이다. 정말로 운동은 뇌도 춤추게 할까?

뇌와 운동의 메커니즘이다. 피부는 그 자체가 '밀도가 엷은 뇌'이다. 그래서 피부가 땀을 흘리면 뇌도 상쾌해진다. 피부는 뇌 일부가 변형돼서 만들어진 기관이다. 그래서 발생학적으로 뇌와 피부는 같다. 그러니 인간은 체표(體表)로 정보를 얻는다 해도 틀린 말이 아니다. 스킨십만으로도 얼마든지 '엷은 뇌'를 자극할 수 있다. 뇌는 한꺼번에 많은 정보를 감수할 능력이 있기에 작은 접촉에도 민감하게 반응한다.

아기와 엄마, 사랑하는 연인들의 접촉을 떠올려보자. 서로에게 안심하고 있다는 메시지다. 기분 좋은 접촉은 신뢰와 존중을 상대에게 보내는 마음의 표시다. 서로가 서로에게 보낸 마음이 엷은 뇌인 피부의 접촉을 통해 '뇌'로 즉각 전달된다. 메시지를 공유한 둘의 관계는 더욱 친밀해진다.

춤은 접촉이 필요한 운동이다. 건강댄스는 파트너와 함께 운동함으로써 고독감, 우울감 등이 해소된다. 댄스그룹이 운동그룹보다 재미, 성취감, 활력 등 정서적인 측면에서 높은 점수를 기록한 이유가 여기에 있다. 그런데도 우리 사회에서는 여전히 춤을 부정적으로 인식하고 있는 듯하다. 이제 '춤'이 질병 치료의 핵심적인 힘이란 걸 새롭게 알아야 한다. 강박증, 자폐증, 우울증 같은 심인성 질환은 춤을 추면 치유된다. 춤이 황홀한 소통이다. 그리고 그 소통은 접촉의 결과이다.

많은 피부병이 뇌의 병으로 나타난다고 하는 설이 있다. 피부에 문제가 생기면 운동을 권유하는 의사가 있는데, 이는 피부의 신진대사가 증가하면 감각이 예민해진다는 처방이다. 감각이 살아나면 피부병이 호전된다는 말이다. 피부와 근육으로부터 시작된 자극이 A10 신경(쾌감 신경)에 전달되어 최종적으로 뇌에서 베타 엔도르핀을 분비해내기 때문이다. 따라서 접촉이 많은 건강댄스는 뇌를 활발하게 하고 피부도 건강하게 한다.[39]

---

39 大島 淸, 著, 같은 책, pp. 103~106

2. 삶의 질을 높이는 춤 건강

춤의 건강학적 가치가 재조명되고 있다. 그동안 춤은 화려한 기교를 뽐내는 전문가의 영역이었다. 또 젊은 사람의 전유물이라는 선입견과 때로는 퇴폐적인 춤바람으로 비하되기도 했다. 그런데 지금은 춤이 건강의 질을 높이는 촉진제가 되고 있다. 건강한 장수를 위협하는 치매를 예방하고 재활을 보조하는 핵심 키워드로 주목받는다. 노화와 질병, 스트레스에 시달리는 현대인의 신체기능을 회복하도록 돕기도 한다.

춤이 치매 예방에 도움이 되는 건 뇌로 가는 혈류를 늘려서다. 춤의 효과는 빠른 발동작과 리듬에서 나온다. 삼성서울병원 신경과 나덕렬 교수는 "치매를 일으키는 원인 중 하나는 뇌 혈류에 문제가 생겨 뇌세포의 활동이 원활하지 않기 때문이다."고 말했다. 특히 춤은 나이 들면서 부족해지는 신체활동을 보완해 준다. 한국 임상 댄스 치료학회 변성환 총무이사(충주의료원 응급의학과)도 "빠른 걸음으로 끊임없이 발을 움직이면 뇌로 가는 혈류량이 많아져 뇌세포를 활성화한다."고 했다.

미국 버지니아대 생물통계학자 로버트 에버트는 71~93세 미국인 남성 2,257명을 대상으로 걷기와 치매의 상관성을 조사했다. 그 결과 하루 800m 미만(0.5마일)을 걷는 노인은 하루에 3.2km 이상을 걷는 노인 남성보다 치매 위험이 1.8배가 높은 것으로 나타났다. 발을 움직여야 한다. 그런데 어디 발이 그렇게 쉽게 움직여지던가?

춤의 장점은 즐겁다는 것. '운동을 해야 한다'는 강박관념 없이 오래 지속할 수 있다는 점이다. 모든 사람이 환영할 만한 운동이자 건강 장수의 길이다.

12일 저녁 강남의 한 클럽. 분위기를 고조시키는 살사 멜로디가 온몸으로 전해진다. 세월을 잊은 중년들이 날렵한 움직임으로 홀을 가득 메우고 있다. 40, 50대가 주축인 '중년 살사 동호회' 정기모임이 있는 날이다. 나이를 가늠하기 힘들 만큼 군살 없는 몸매와 생기 있는 피부가 시선을 끈다. 50대를 훌쩍 넘겼다는 찰스 홍·크리스탈 부부는 손을 맞잡으며 팔과 다리를 쭉 뻗었다. 손짓은 탄력이 넘쳤고 그림자도 리듬을 탔다. 부부의 발끝은 빠른 템포를 따라 재빠르게 바닥을 스쳤다.

이들 부부는 "우리는 50대지만 동년배에게 흔한 고혈압, 당뇨 같은 지병이 없다."며 "빠른 음악에 맞춰 신나게 춤을 추다 보면 시간 가는 줄 모른다."고 했다. 외과 의사인 변성환 총무이사도 춤으로 30kg을 감량했다. 그는 "100kg에 육박했던 적이 있었다. 밤낮없이 병원에서 근무하다 보니 체력을 관리할 틈이 없었다."고 말했다. 보다 못한 동료가 살사댄스를 권유

했다. 변 이사는 "다른 운동은 재미를 못 느꼈지만, 살사는 신바람이 난다."고 했다.

몰입의 힘이 있는 댄스는 치매 환자의 재활에 이바지한다. 서울 아산병원 정신건강의학과 김창윤 교수(한국 임상 댄스 치료학회 고문)는 "춤을 따라 하면서 리듬에 맞춰 스텝을 익히다 보면 치매 환자의 인지기능이 향상된다."고 했다. 재활의학에서 춤을 주목하는 이유다. 김창윤 교수는 "재활치료는 보통 긴 시간이 필요한데 지루해서 버텨내기가 쉽지 않다."고 말했다.[40]

3. 쾌감 신경을 불러내라

허약한 사람도 꾸준히 운동하면 체질이 변한다. 당당한 체구뿐만 아니라 성격도 명랑해진다. 쾌감 신경인 베타 엔도르핀이 분비되기 때문이다. 예컨대 육상은 시간과 거리와의 싸움이다. 마라톤 선수는 호된 연습 끝에 자기 기록을 경신한다. 이때 느끼는 성취감이 쾌감 신경에 전달된다. 즐거운 호르몬을 보내는 것이다. 이내 상쾌한 기분이 전신으로 퍼진다.

---

40 중앙일보, 2013년 8월 19일(월요일) 1면.

이렇듯 고비를 넘어 성취감을 맛보면 베타 엔도르핀에 의한 쾌감이 터득된다. 체험을 거듭해가는 중에 근력이 향상되고 자신감 또한 충만해진다. 이런 체험을 어릴 때 경험했다면 '본디 풍경의 한 요소'가 된다. 이제 이 체험은 자신의 원풍경(原風景)이다.

노인 중에는 더러 운동하다가 힘에 부치면 '이따위 것 쓸데 없는 짓.'이라며 체념해 버리는 사람이 있다. 베타 엔도르핀이 분비될 때의 쾌감을 체험하지 못해서일 수도 있다. 한술 밥에 배부를 수는 없는 법이다. 체념이 습성으로 굳어지도록 내버려둬서는 안 된다. 결국 무엇에든 의욕이 없는 낙오자가 되고 말 것이다.[41]

뇌에는 쾌감 신경이라고 하는 신경계가 있다. 성취감으로 자신을 칭찬할 때 신경회로에 도파민과 베타 엔도르핀이라는 쾌감 물질이 흐른다. 도파민은 쾌감 정보의 은반창이며, 베타 엔도르핀은 전두엽의 시냅스로서 황홀함을 안겨주는 쾌감 물질이다. 이처럼 신경계가 전두엽에 영향을 미치는 것은 대단히 중요하다. 전두엽은 인간의 창조적인 활동을 담당하는 장소이기 때문이다.

창조성은 베타 엔도르핀이 전두엽에 충만해졌을 때 이루어지는지도 모른다. 창조적으로 뇌가 활동할 때를 일컬어 뇌의

---

41 大島 清, 著. 같은 책, pp. 81~82

활성화라고 한다. 따라서 즐거운 인생을 살려면 전두엽이 활발하게 활동해야 한다. 즐거운 인생이 무엇인지는 자신의 원풍경에 비춰서 결정하면 된다. 이때 중요한 건 자신이 무엇을 원하는가이다. 내면의 부름에 솔직하게 응답해야 한다.

내면의 부름에 솔직할 필요가 있는 이유는 메뉴얼대로 하면 감동적이지 않기 때문이다. 주체가 내부의 부름에 응답할 때라야 쾌감 신경이 자극을 받는다. 쾌감 신경이 자극을 받아야 도파민이나, 베타 엔도르핀이 분비되어 뇌가 활성화된다. 이러한 체험이 잦으면 절대로 뇌는 노화하지 않는다. 다시 말하면 전두엽이 노화하지 않는 한 성도 노화하지 않는다.

당장 창조적인 일을 찾아보자. 창조적인 일 중에 으뜸은 인간관계이다. 나이가 들어 관계를 맺는다는 것은 쉬운 일이 아니다. 자연스럽게 사귈 수 있는 곳을 찾아가야 한다. 바로 건강댄스다. 건강댄스는 파트너를 바꿔가며 춤을 추기 때문에 많은 사람을 사귈 수 있다는 장점이 있다. 건강댄스는 기본적으로 커플 댄스여서 춤출 때 파트너와의 호흡과 커뮤니케이션이 중요하다. 건강댄스에서 '리드(lead)와 팔로(follow)'라는 말을 쓰는데 이는 남자가 리드하는 대로 여자가 따라오는 것을 일컫는다. 남녀 모두는 나의 자세가 어떻게 나올까? 다음 동작은 무엇인가? 계속 생각해야 한다. 이것이 창조적인 일이다.

이렇듯 취미생활은 전두엽의 역할과 기능에 밀접한 관여를 한다. 누구랑 함께 음악을 감상하고 영화를 보고 그림을 보는 것은 전두엽을 함께 사용하고 있는 거나 마찬가지다. 취미생활은 즐거운 자극제가 되므로 인간관계 형성에도 도움이 된다.[42]

취미생활은 삶에 활력을 불어넣는 활동이다. 활력 넘치는 얼굴은 표정이 밝다. 따라서 웃는 얼굴은 쾌감 신경이 활발하다는 증거이다. 쾌감 신경 안을 흐르는 전류의 속도는 매초 0.5m이다. 통상의 정보전달이 매초 10~100m이니까 이보다는 훨씬 느리다. 즐거운 감정은 몸과 마음을 이완시킨다. 따라서 쾌감은 천천히 그리고 은근히 전달된다. 급격한 황홀감이 아니고 느긋하게 전달되는 속도가 스트레스를 해소하는 데 효과적이다. 안정감이 선행되는 부교감신경이 우위에 있기 때문이다. 그때 분비되는 뇌파는 안정감의 뇌파라고 하는 a파이다. 섹스의 쾌감을 급격히 산에 오른 것과 같은 상태로 묘사한다면, 이것은 넓은 고원만큼이나 완만하다. 지속력이 길 수밖에 없다. 최상의 기분일 때는 쾌감신경이 온종일 유지되기도 한다. 그렇듯 매일이 즐겁다면 인생 자체가 유토피아이다.

---

42 大島 清. 著. 같은 책. pp. 138~140

인간의 최종 목표는 행복이다. 그런데도 인간은 진정한 행복이 무엇인지도 모른다. 돈을 움켜잡으려는 욕심 때문에 내면에서 부르는 소리를 무시한다. 세속적인 물욕은 수단일 뿐이다. 절대 목적이 되어서는 안 된다. 세속적 물욕 때문에 인간은 상처투성인 채로 살아간다. 불행의 늪에서 허우적거리며 점점 피로에 지쳐간다. 만신창이가 된 정신은 온갖 신경증적인 징후를 드러낸다. 강박과 히스테리로 점철된 일상을 겨우겨우 지탱해나간다. 결국, 세속적인 욕망을 추구하다 끝내 정신병자가 되고 만다. 문제의식을 느끼고 당장 멈춰야 한다. 그리고 내면의 부름에 귀를 기울여라.

자신을 관조할 시간을 가져보자. 당신의 내면이 가장 원하는 것을 찾았다면 그것이 무엇이든 맘껏 즐겨라. 당신의 삶에 찬란한 빛이 들어찰 것이다. 덩달아 신이 난 쾌감 신경이 도파민과 엔도르핀을 선물할 것이다. 당신의 얼굴에 온화함이 깃든다. 선한 기운이 전신에 퍼진다. 편안하고 행복한 표정으로 당신이 웃는다. 주변이 온통 당신이 퍼트린 행복 바이러스로 가득 찬다. 가족과 이웃과 사회와 국가가 감염되어 살맛나는 세상이 될 것이다.

▲ 정병준 선생이 건강댄스를 지도하고 있다.

4. 원시감각으로 소통하라

뇌를 활성화하면 베타 엔도르핀이 풍부하게 분비된다. 베타 엔도르핀을 선물 받으려면 원시감각을 깨워야 한다. 후각, 미각, 촉각이 원시감각인데, 이는 자극을 받아야 지각할 수 있다. 인간에게 선험적으로 주어진 원시감각이지만 훈련을 통해 훌륭하게 계발시킬 수 있다.

현대인은 시각, 청각인 고등감각 기관이 매우 발달하였다. 보고 듣는 감각은 인간이 죽을 때까지 필요하다. 하지만 그보다는 점점 무뎌가는 원시감각에 관심을 기울일 필요가 있다. 예컨대 식사하는 일은 영양 밸런스를 유지하기 위한 단순한 행위로만 볼 수 있다. 그런데 그것이 다가 아니다. 입이라는 기관은 세계와 소통하는 몸의 도구이다. 막 태어난 신생아가 엄마 젖을 빤다. 누구도 가르쳐준 적이 없다. 선험적으로 주어진 원시감각이 알아서 한 일이다. 아기가 젖을 빠는 것은 배고픔을 충족시키려는 차원이지만 입을 통해 엄마와 소통하는 행위이기도 하다. 이렇듯 몸 기관은 세계와 소통하는 통로이다.

메를로-퐁티라는 현상학자는 『지각의 현상학』에서 인간이 지각하는 세계는 완전히 객관적이지도, 주관적이지도 않다고 주장했다. 이는 지각과 상관없이 세계의 질서가 존재하지도, 마음이 세계에 질서를 부여하지도 않는다는 것이다. 퐁티에 의하면 신체는 단순히 지각의 대상일 뿐이다. 본질적으로, 신체를 가진 인간은 신체를 통해 세계를 인식한다. 따라서 인간은 주체적으로 행동할 수 있는 신체-주체(body-subject) 이다. 이는 뇌의 명령으로 몸이 반응하는 게 아니라 몸이 자발적으로 세계와 소통한다는 말이다. 몸 스스로 세계와 소통을 한다는 뜻이다. 메를로-퐁티의 몸 철학이 아니라도 좋다. 우리는 반사 신경의 반응을 무수히 경험하면서 살아간다. 과거에 길을 걸어가는데 눈을 향해 쏜살같이 벌이 날아들었을 때를 떠올려보자. 어떻게 대처했던가. 위험하다, 눈 감아라! 하고 뇌가 명령할 때까지 기다렸던가. 아니다. 눈이 알아서 잽싸게 눈꺼풀을 닫지 않았던가!

우리들의 경험에서 알 수 있듯이 몸 스스로 세계와 소통한 기억을 하고 있다. 정신작용보다 몸이 먼저다. 따라서 노인들은 나이가 듦에 따라 무뎌지는 원시감각을 꺼우는 훈련이 필요하다. 후각, 미각, 촉각을 발달시키는 데는 운동이 제격이다. 부단히 움직여서 잠자고 있는 감각을 깨워야 한다. 이러한 원시감각을 깨우는 데는 댄스가 가장 효과적이다. 피부 접촉을 통한 감각이 '엷은 뇌'로 즉각 전달되기 대문이다.

앞선 감각에 관한 설명과 함께 퐁티의 몸 철학은 점점 감각이 둔감해지고 지각이 퇴화하는 노년층이 새겨둘 만한 이론이다. 제3장의 카사노바 신드롬 챕터에서 밝힌 것처럼 여성에게 섹스라는 행위는 그다지 중요하지 않을지도 모른다. 여성이 사랑받고 있다는 마음을 전달받도록 하려면 원시감각의 영역을 적극적으로 활용할 필요가 있다. 이러한 원시감각을 깨우기에 가장 적합한 운동은 피부를 접촉하는 댄스가 제격이다. 댄스는 육체적 건강은 물론 심리 · 정신적 건강에 미치는 효과도 크기 때문이다. 파트너와의 적당한 스킨십이 정서적으로도 큰 도움이 된다. 아름다운 음악을 들으며 몸을 움직이기 때문에 운동이라는 강박에서 벗어날 수 있다. 이제 노인들도 고독과 노쇠한 육체에서 벗어나 원시감각으로 소통할 수 있는 댄스를 즐겨라. 댄스를 단순한 춤바람이 아닌 스포츠라는 개념으로 말이다. 음악은 귀로 듣지만, 뇌로 바로 전달되어 심신을 즐겁게 한다. 그에 맞춰 움직이는 율동은 우리 몸 전체를 흥겹게 한다. 그것이 바로 스포츠다. 운동이다. 계속 반복하면 건강하게 된다. 운동 효과가 나타난다.

5. 춤바람 난 노인은 예술가다

뇌는 사용하고 있는 한 몇 살이 되어도 노화되지 않는다. 이 말은 뇌는 쓰면 쓸수록 발전한다는 것이다. 이러한 뇌의 기능을 안 이상 뇌를 쉬게 해서는 안 될 것이다. 그렇다면 방법은 있는가. 단순하게 생각하면 된다. 즐겁고 행복한 생각을 멈추지 않으면 된다.

이는 노인들에게 주어진 특권이다. 정년을 맞이하기 전까지는 직무에 시달리느라, 자식들 키우느라 다른 생각을 할 겨를이 없었다. 노인이 되고 나서야 자신을 위한 시간을 갖게 되는 것이다. 이제 어떤 틀이나 규정에 얽매일 필요가 없다. 마음껏 즐거운 생각에 빠지면 된다. 사물에 대한 깊고 오묘한 맛을 알 나이가 되었으니 기껍게 생각을 즐기면 된다. 뇌가 즐거워하면 덩달아 몸과 마음도 가볍다.

　뇌는 몸의 일부이다. 뇌 역시 신체와 마찬가지로 쇠퇴하여 노화된다. 인간의 유한한 인생 사이클이니 어쩔 수 없다. 하지만 노화를 지연시킬 수는 있다. 뇌 가소성이라는 성질을 활용하면 된다. 뇌 가소성이란 뇌를 세뇌하면 그대로 믿는 성질이다. 다시 말해 뇌는 변화하는 힘이 있다는 말이다. 예컨대 자꾸 거짓말을 하다 보면 진짜인 줄로 착각하는 것이 뇌의 힘이다.

　인간의 뇌는 시냅스 배선과도 같다. 전기의 배선을 떠올리면 뇌의 구조를 떠올릴 수 있을 것이다. 전기 배선이 복잡할수록 어렵듯이 인간의 뇌도 지식을 수용할수록 복잡해진다. 뇌는 태어나서 3년 정도면 기초적인 배선이 끝난다고 한다. 또한, 전두엽은 인간의 행동을 프로그램해주는 고등 센터로 9~10세 정도에 배선이 완료된다. 배선은 20세까지 적극적으로 진행되다가 그 이후부터는 점점 스피드가 떨어진다.

　뇌의 배선은 새로운 것을 생각할 때마다 또는 기억할 때마다 하나씩 만들어진다고 생각하면 된다. 예컨대 하나의 단어를 기억했다고 하자. 그 기억에는 반드시 하나의 배선이 생성된다. 따라서 몇 살이 되었더라도 새로운 것에 도전하고 있다면 뇌의 배선은 현재 진행형인 셈이다. 뇌는 생리적으로 쇠퇴하지만, 그 소프트를 지탱하는 배선은 나이가 들어도 노화를 저지하는 힘으로 작용할 수 있다. 간단히 말하자면 이미 노화된 뇌라도 새로운 것에 도전하면 뇌의 가소성에 의해 노화의 속도를 지연시킬 수 있다.

　너무 단순하게 기술한 탓에 오해가 있을지 모르겠다. 하지만 여기서 건져 올려야 하는 핵심은 체념하면 안 된다는 진실이다. '내 나이가 몇인데, 새로운 걸 해봐야 소용없지.'라고 체념하는 순간, 뇌가 늙는다는 사실을 알아야 한다. 나이가 많고 적음을 따지지 말자. 부단히 무언가에 도전하는 적극성을 갖는다면 뇌의 가소성이 발휘되어 젊은 뇌를 유지할 수 있다.
　뇌의 가소성을 단순하게 명제화해 보자. 긍정적인 사고는 뇌를 젊게 하고 부정적인 사고는 뇌를 늙게 한다. 뇌는 의무적이고 강제적인 태도를 무척 싫어하며 소극적인 태도는 뇌를 불쾌하게 한다. 반대로 뇌가 적극적인 태도와 자발적인 행동에 즐거워하는 건 긍정적인 사고에서 샘솟는 에너지를 받기 때문이다. 따라서 젊은 뇌를 유지하려면 뇌를 기분 좋게 해야 한다. 그러기 위해서는 자신이 좋아하는 일을 하라. 뇌가 시냅스에 새로운 배선을 만들며 쭉쭉 뻗어 나갈 것이다. 뇌가 즐거우면 쾌감물질인 베타 엔도르핀을 분비하여 아, 지금 여기가 천국이다.

이쯤에서 노인들이 왜 콜라텍을 이용하는지 알 수 있다. '춤 바람'이 나면 삶이 건강해지기 때문이다. '춤'은 사람에게 카 타르시스를 가져다준다. 음악의 리듬에 발을 옮기며 몸을 흔 드는 행위 속에서 스트레스는 저만치 날아가고 열정과 행복 을 느끼게 된다. 그래서인지 춤은 '정열', '사랑'과 자주 비유가 되곤 한다. 열심히 몸을 흔들며 춤을 추는 사람을 보고 있는 것만으로도 에너지와 힘이 느껴진다.

춤의 정서적, 육체적 효과는 우리가 상상하는 것 이상이며 과학적으로도 그 효과가 입증되었다. 2008년 미국 세인트루 이스의 워싱턴대학교 의과대학 연구진은 19명의 파킨슨병 환자를 대상으로 탱고의 치료 효과를 연구했다. 환자들은 탱

▲ 학생들에게 이론 교육을 지도하는 진영자 교수

고 치료 이후 파킨슨병으로 손상된 뇌의 기저핵이 호전된 것으로 드러났다. 연구진들은 "앞뒤, 좌우 회전하는 탱고 동작이 균형감각과 운동능력, 파트너와 호흡을 맞추는 능력을 향상시켰다."라고 분석했다. 국내 전문가들 역시 춤 동작이 대뇌피질을 자극해 치매 예방에 도움을 줄 수 있다고 설명한다. 노년층의 '춤바람'을 적극적으로 권장하는 이유가 바로 이 때문이다.

춤을 춰라, 아무도 보지 않는 것처럼. 사랑하라, 결코 상처받지 않을 것처럼. 노래하라, 아무도 듣지 않는 것처럼. 살아라, 이 땅이 마치 천국인 것처럼.

6. 노인의 성은 언제까지나 현역이다

뇌 기능이 성에 커다란 영향을 미친다. 이 사실을 경험한 자는 이미 성 전문가다. 성은 몸으로 하기보다는 뇌로 하는 행위이다. 따라서 뇌가 활발해야 성 기능이 활발하다. 반대로 성욕이 왕성하다면 뇌가 활발하다고 말할 수 있을까. 꼭 그렇지만은 않다.

성은 뇌의 시상하부에서 컨트롤한다. 시상하부가 성욕을 관장하는 둥지인 셈이다. 그러나 깊숙하게 들어가면 성은 궁극적으로 대뇌신피질의 작용임을 알 수 있다. 인간의 뇌에서 최고 부위인 대뇌신피질은 인간을 가장 인간답게 하는 기능을 한다. 소위 '마음'을 만들어내는 고차원적인 정신활동을 담당하는 곳이다. 이를 좀 더 쉽게 설명하면, 섹스에서의 쾌감을 느끼는 기관은 시상하부이다. 하지만 누구와 어떤 양질의 섹스를 할까 하는 문제는 대뇌신피질의 몫이다. 성의 질을 판단하는 기관이다. 따라서 성욕이 왕성하다고 해서 뇌도 활발하다고 말할 수는 없다.

앞의 장에서 생리적인 뇌의 노화는 당연한 이치지만 뇌의 가소성으로 노화를 지연시킬 수 있다고 했다. 성 역할도 마찬가지이다. 성은 남녀가 커뮤니케이션하는 수단에 지나지 않는다. 일반적으로 성이라 하면 육체적인 교합을 떠올린다. 실은 사랑하는 마음에서 우러나오는 모든 에너지가 성이다. 이성을 가까이하려는 마음에서 비롯된 감정 일체가 성이다.

남녀가 서로에게 끌리는 건 결여에 의한 외로움에서다. 외로움을 굳건하게 견디는 삶도 나름의 멋이 있다고 할 수도 있다. 그러나 그 고독의 무게가 만만치 않고 보는 사람도 안쓰럽다. 하지만 사랑의 결여를 채워주는 상대가 있다면 자연의 순리를 따르는 조화로운 삶이다. 이것은 나름의 멋이 아니라 모두가 인정할 수 있는 멋이다.

"사랑한다면 그것이 최고의 삶이 아니겠는가." 이 문구는 플라톤의『향연』1편에 나오는 내용이다. 플라톤의『향연』은 에로스의 모든 것에 관한 고찰이다.『향연』은 소크라테스와 아리스토데모스가 아가톤의 집으로 가는 장면부터 시작된다. 소크라테스가 향연장에서 나눈 사랑 이야기를 두 가지로 요약하면 다음과 같다.

첫째, 멋진 삶은 연애이다. 파이드로스가 내린 사랑에 대한 정의다. 멋있게 살려면 애인이 있어야 한다. 아무리 높은 직위라도 소용없다. 멋있게 살려면 사랑받거나 사랑하거나 해야 한다. 그러한 연애가 훌륭한 사회를 만든다. 초라한, 비굴한, 흉측한 모습을 사랑하는 사람에게 보여주고 싶지 않은 것처럼, 사랑하는 사람 앞에서는 없던 용기도, 지식도 생기기 때문이다.

둘째, 사랑은 전 우주를 지탱해주는 원리이다. 의학적, 자연 과학적 입장에서 에뤽시마코스가 내린 사랑에 대한 정의다. 사랑 때문에 우주의 조화가 일어났다. 우주를 구성하고 있는 여러 상관요소가 조화를 이룰 때, 사계가 제대로 순환하고 농작물도 수확된다.

정말로 남과 여가 서로에게 이끌리는 건 우주의 섭리다. 남녀가 부단히 가까워지려는 이유다. 이러한 남과 여, 에로스에 관한 관심은 철학의 주제를 외부세계에서 인간에게 돌리는 획기적인 업적을 남긴 소크라테스로부터 시작되었다. 그리고 지금도, 앞으로도 활발하게 논의될 인간의 가장 본질적 문제이다.

여기에 노인이라고 예외일 순 없다. 이성을 생각하면 몸과 뇌가 즐겁다. 자꾸만 이성을 떠올려 노화된 원시감각을 깨워 뇌로 전달해라. 뇌가 가소성의 힘을 발휘하여 이성을 선물할 것이다. 이제 당신은 외출을 서두르면 된다. 밖에 나가야 이성을 만날 수 있다. 당신 또래들이 한창 음악에 맞춰 신나게 율동하고 있는 콜라텍에 가보자. 말끔하게 차려입고 당당하게 말이다. 그것이 못내 쑥스럽다면 건강댄스 동호회에 가입해도 좋다. 그곳에서 많은 인맥을 형성할 수 있을 것이다. 다만 주의할 점이 있다. 결코, 혼자 하는 운동이 아니므로 상대방에 대한 배려와 매너를 고수해야 한다. 그래서 복장이나 마음가짐을 단정하고도 멋지게 치장하라는 것이다. 냄새를 풍겨서도 안 되고 절대 손이 닿아서는 안 되는 부분에 손을 대도 안 된다. 자칫 의욕 과잉, 행동절제 부족이면 변태가 되거나 뺨을 맞거나 경찰서행이다.

이제 나의 늙음을 창피해하거나 숨기지 말자. 모두 가는 인생길을 먼저 가는 선배의 입장으로 당당하자. 그 인생길을 또래들과 함께 차차차와 자이브 걸음으로 신명나게 걸어가 보자. 자이브와 차차차는 걷거나 뛰다가 갑자기 정지하는 순간이 많다. 이는 근육과 관절의 수축·이완 기능을 강화해 준다. 또한, 한쪽 다리를 들고 돌거나 한쪽 발에 전체 체중을 싣는 동작이 많아 균형감각을 키워준다. 발목 주변의 근력도 강화돼 서 있을 때의 안정감도 높아진다. 더러 빠른 박자의 차차차와 자이브가 부담스럽다면 리듬을 조금 늦추면 된다.

7. 폐용성 위축을 피하자

'폐용성 위축'이라는 말이 있다. 사용하지 않으면 약해지고 오그라든다는 뜻이다. 인간의 뇌와 근육도 마찬가지다. 암기, 기억, 감각, 자각 훈련을 게을리하면 뇌의 기능이 약화되고 몸을 움직이지 않으면 근육이 굳는다. 흔히 남자들은 정년을 맞이하면 사회에서 버림받았다는 열패감에 사로잡힌다. 늙어서 폐기처분당했다는 자격지심이다. 그런 심리가 지속하면 매사에 의욕이 없어진다. 아내와의 잠자리에서도 자신감이 상실된다. 이런 현상이 갈수록 심화하면서 '폐용성 위축'이 일어난다. 열패감에 젖어 의욕이 없으니 뇌조차 무기력해지는 것이다. 덩달아 성기도 둔감해진다. 뇌도 신체도 사용하지 않으니 폐용성 위축은 당연하다. 폐용성 위축은 나쁜 습관을 안겨 줄 뿐이다. 발기력이 떨어진 남자와 가뭄 든 논이다. 그런 남자와 메마른 여자의 조합은 최악이다.

사용을 멈춘 기관은 '폐용위축'으로 점점 퇴화한다. 기관으로서의 남성의 성기도 마찬가지다. 장기간 병원생활을 하는 환자의 다리가 가늘어지는 현상과 같다. 걷지 않으면 다리에 힘이 빠지고, 힘 빠진 다리는 걷는 것조차 힘들다.

이런 과정에서 일어나는 게 '폐용위축'이다. 진화의 역사를 살펴보면 '폐용위축'은 많은 종의 변화를 일으켰다. 심해에 사는 물고기와 동굴 속 생물은 눈과 꼬리가 퇴화해 오늘날의 모습을 갖추게 된 것이다. 인간 역시 사용하지 않은 꼬리가 퇴화한 것처럼 말이다.

폐용위축은 용불용설과 같은 말이다. 자주 사용하는 기관은 세대를 거듭하면서 발달하고 사용하지 않는 기관은 퇴화한다. 용불용설을 주장한 라마르크(Lamarck, J.)는 생물은 환경에 대한 적응력이 있고 이 적응력은 자손에게 유전된다고 하였다. 개체발생은 계통발생(系統發生)을 반복한다는 말인데, 오랜 진화의 역사에서 확인할 수 있듯이 사용하지 않는 기관의 위축은 당연한 사실이다.

폐용위축에 대한 경계, 퇴화를 막기 위해서는 무조건 사용하는 수밖에 없다. 여기서 노인들이 경각심을 가져야 한다. 노쇠한 몸을 움직이려 하지 않으면 그럴수록 몸이 더 노쇠해진다는 사실을 상기해야 한다. 쓰면 쓸수록 연마된다는 것을 잊지 말아야 한다. 앞서 말했듯이 뇌를 활성화하면 몸 기능도 활발해진다. 우선 뇌를 단련시키는 게 급선무다.

사는 것도 학습으로 이루어지는 것처럼 뇌 역시 그렇다. 설령 즐겁지 않더라도 뇌에 즐겁다고 속삭여보라. 뇌는 가소성의 힘으로 진짜 즐거운 줄로 착각한다. 이것이 피그말리온 효과[43]이다. 피그말리온 효과란 심리적 행동의 하나로 교사의 기대에 따라 학습자의 성적이 향상되는 것을 말한다. 교사의 기대 효과, 로젠탈 효과, 실험자 효과라고도 하는데, 무언가에 대한 믿음, 기대, 예측이 실제로 일어나는 경향이다.

이제 뇌의 가소성이라는 특수기능을 알았으니 노인들은 자신을 세뇌할 필요가 있다. 가장 중요한 건 마음가짐이다. 긍정적인 사고로 매사에 적극성을 보이다 보면 뇌는 착각하게 돼 있다. 나는 젊었구나. 나는 아직 왕성하구나.

성의 현역이고 싶다면 뇌에 자극을 줘라. 발전도상에 있는 뇌와 성을 계발하면 젊은 날의 원기를 회복할 것이다.[44]

---

43 1964년 미국의 교육심리학자 로버트 로젠탈에 의해 실험되었다.
44 위의 책. pp. 122~124

뇌는 융통성 있는 기관이다. 즐거운 추억은 기억하고 나쁜 기억은 잊어버린다. 정상적인 경우라면 좋은 추억만을 축적한다. 그것이 바로 원풍경인데, 노년이 되면 그것을 다시 체험해보고 싶어진다. 맨 처음에 맛본 쾌락을 다시 맛보려는 욕망이다. 따라서 쾌감은 인생의 키워드라 할 수 있다. 쾌감이야말로 마음의 안정이고, 살아 있는 이유다.

폐용성 위축은 연애에서도 똑같이 일어난다. 아니 그 이상이다. 젊은 때에는 이성에의 호기심이 왕성해서 성욕도 강하다. 예쁜 여성을 보면 가까이하고 싶고 깊은 관계를 맺고 싶다. 그러나 나이를 먹어감에 따라 여러 가지 이유로 욕망을 억제하고 체념한다. 이 나이에 점잖지 못하게, 새삼스럽게 연애는 무슨, 이라는 생각이 앞서는 것이다. 특히 중년 이후는 사회생활이 바쁘고, 사회적 윤리에 속박되어 연애할 틈이 없다. 점점 연애감정으로부터 멀어지고 만다. '내 주제에 연애는 무슨….'이라는 생각으로 그 자신을 타이르는 동안에 연애를 꺼리는 버릇이 뿌리를 내린다. 당연히 여성을 봐도 그냥 지나쳐버리게 된다. 이 상태가 지속하면 연애 감정뿐만 아니라 설레는 감정도 잃고 '나는 안 돼.'라는 자기부정이 정착된다.

이러한 나날이 계속되는 중에 머리의 '폐용성 위축'이 착실히 진행되어 회복불능이 되고 만다. 우연히 눈에 띄는 이성이 생겨도 자기부정으로 좋지 않은 결과를 낳는다. 체념에 익숙해지면 살풍경한 현실이 번갈아 찾아와 음(陰)의 스파이럴 (spiral)에 들게 된다. 점점 '하기 싫은 버릇'이 강해져 모든 것이 귀찮아진다. 마침내 그의 생활은 윤기를 잃고 세상사에 대한 관심과 성적 흥미를 잃은 채 무의미하고 지루한 나날만 이어질 뿐이다. 급기야 그는 실제 나이보다 훨씬 늙어 보이는데, 이 정도면 뇌의 폐용성 위축이 중증으로 진행됐다고 봐야 한다.

자기부정이 정착된 사람이 되지 않으려면 어떻게 하면 좋을까? 자신의 본능에 솔직하고 내면의 소리에 귀를 기울여야 한다. 호감 가는 이성이 있다면 마음이 시키는 대로 잘 되기를 바라면 된다. 일찌감치 틀렸다고 체념하면 안 된다. 부정적인 생각은 일을 그르친다. 적극적으로 대시하라. 잘 안 돼도 좋다는 마음으로 들이대라. 연애는 안 돼도 본전이다.

시도하지 않으면 가능성은 0%이다. 성사되지 않아도 손해 볼 건 없다. 그뿐만이 아니다. 잘 될지도 모른다는 설렘이 자신에게는 득으로 작용한다. 결과에 연연하지 말고 이성에 대한 마음을 억누르지 마라. 자칫 자기부정에 빠진다. 부단히 이성에게 호감을 느껴라. 자꾸 말을 걸면서 접근하라. 남녀를 막론하고 젊으나 늙으나 이성에 대한 호기심은 변하지 않는다. 자연스러운 현상을 이러저러한 이유로 차단하지 마라. 하다못해 어떤 연예인을 동경한다면 사진을 수집한다든가, 기사를 스크랩하라. 그리고 그가 나오는 영화나 드라마를 보면 더욱 즐겁고 유쾌해질 수 있다. 자신의 내면에 솔직하게 처신할 필요가 있다.

　아무것도 하지 않으면 어떤 것도 얻을 수 없다. 무엇이라도 한다면 설렘과 엑사이팅(exciting)한 기분을 체험한다. '아무것도 없다'는 것과 '엑사이팅'한 유쾌한 감정이 남는 것은 하늘과 땅만큼 다르다. 결과적으로 그 사람을 더욱 젊고 차밍(charming)한 사람으로 변화시키는 것이다. 설렘은 현실에서 누군가와 연애를 성취했는가 그렇지 않은가, 하는 결과론으로 판단할 일이 아니다. 예컨대 상대에게 마음이 전달되지 않았다고 해도 이루고, 좇고자 했던 정신은 멋지고 아름답다. 그 정신은 석양을 쫓아 달리는 소년과도 같다. 석양을 손에 잡을 수 없다는 걸 알면서도 달리고 있는 소년의 모습은 아름답다.

　두 달가량 깁스를 감아 놓은 탓에 사용하지 않아 가늘어진 다리를 생각해보라. 그렇게 내버려두면 당신의 뇌도 위축되어 의욕을 잃고 만다. 자신의 머리에 감겨있는 보이지 않는 깁스를 풀고 본래의 능력과 기능을 되돌려 보기 바란다.[45]

45　渡辺淳一 著. 같은 책. pp. 33~42

8. '발가락 끝'으로 뇌를 자극하라

뇌 연구에서의 핵심은 발가락 끝이다. 인간의 뇌가 진화해 온 것은 인류가 직립을 시작하는 순간, 체중이 발끝에 실리면서부터다. 개체발생은 계통발생을 되풀이한다. 결국, 인간은 진화를 초스피드로 체험하면서 성인이 된다. 박박 기어 다니던 아기가 걷게 되면서부터 손을 자유롭게 쓰기 시작한다. 이 때부터 뇌의 발달이 촉진된다. 모든 인간은 그러한 과정을 거쳐 자신의 뇌를 발달시켜온 것이다. 따라서 걷는 일을 멈추면 안 된다. 걷기를 멈춘다면 진화를 포기하는 것과 같다. 진화를 포기하는 건 죽음의 늪 속에 자신을 밀어 넣는 일이다. 이렇듯 단순하고도 명쾌한 결론이 주어지는데도 걷기를 멈추겠는가?

걸어야 한다. 터덜터덜 걷지 말고 전략적인 운동의 개념으로 걸어야 한다. 발가락 끝에 체중을 싣고 걸어라. 관절에서 발생한 정보가 곧장 척수를 통해 뇌로 전달되도록 말이다. 결국, 정보의 도달점은 뇌다. 발바닥 전체로 걷지 말고 발가락 끝으로 걸어야 하는 이유이다. 편하다고 발뒤꿈치 쪽에 중심을 두고 걸으면 뇌에 미치는 영향이 적다. 뇌를 발달시키려거든 발의 제1관절을 자극하라. 발가락 끝이 키워드다. 제1관절은 발가락 중에서도 가장 끝 부분으로, 엄지발가락과 다른 네 개의 발가락에 체중을 싣고 걸어야 자극이 극대화된다. 그렇게 걷는 연습을 하면 발바닥의 장심(掌心)이 생긴다. 손가락 끝 역시 뇌의 리하빌리테이션(rehabilitation)에 효과적인데, 손끝을 사용해도 제1관절로부터 받은 자극이 뇌에 전달되는 과정은 똑같다. 결과적으로 손과 발의 끝을 사용해야 뇌가 자극을 받는다.

인류의 뇌가 세 배로 발달한 것은 발가락과 손가락을 사용한 결과이다. 인간의 뇌는 발끝으로 걷는 직립보행을 시작하면서 발달을 거듭해왔다. 직립보행에서 손이 해방되었고 해방된 손을 유용하게 쓸 수 있게 되면서 인간은 문명을 창조해왔다. 걸으면서 손으로 별의별 짓을 다 할 수 있는 게 인간이다. 걸으면서 손을 쓰는 일련의 작업들이 결과적으로 뇌를 자극하는 행위로 연결된다. 젓가락을 사용하는 우리나라가 섬세한 생명공학의 일인자를 배출해낼 수 있었던 것도 어렸을 때부터 훈련된 손가락 끝의 힘이다.

이러한 원리를 노인들에게 적용할 수 있다. 발끝과 손끝을 사용하는 한 뇌는 쇠퇴하지 않는다. 발끝과 손끝을 부단히 사용해야 한다. 그것에 적합한 운동이 조깅이다. 조깅만큼 발끝에 체중이 실리는 운동은 찾기 힘들다. 굳어진 근육과 뼈를 조깅으로 펼 수 있다. 다만 아스팔트 위를 달리면 관절에 무리가 생길 수 있으니 쿠션이 좋은 운동화를 착용하고 땅을 밟고 하는 조깅이 좋다. 이조차도 팍팍하다고 불평하는 노인이 있다면 건강댄스로 대신하라. 낙상 위험도 낮고 골밀도도 높아지니 말이다. 단순한 조깅보다는 재미, 성취감, 활력 등의 측면에서 두루 좋다. 처음 접하는 건강댄스 동작이 어려울 수 있다. 느긋하게 다리 동작을 익힌 뒤에 상체 동작을 연습하면 된다. 댄스 한 시간이면 대략 1만 보를 조깅한 효과를 볼 수 있다.

사람은 사랑을 먹고 산다. 독일의 철학자 피히테는 말했다. "사랑은 인생의 주성분(主成分)이다."라고. 19세기 영국의 유명한 수상 디즈레일리는 말했다. "애정의 결핍과 금전의 결핍이 인간의 모든 고통의 근원이다."라고. 그런데 그 사랑을 가장 확실하게 표현하는 방법은 무엇일까?

바로 피부의 접촉이다. 엄마가 아기의 알몸을 자신의 알몸으로 안고 해주는 스킨십은 아이에게 가장 안정되고 평화로움을 느끼게 하며, 성장하여 엄마의 품을 떠나면 이성간의 피부접촉을 원한다. 그 중간에 형제 간, 친구 간의 피부접촉이 있어 형제애(兄弟愛), 친구애, 즉(友情)을 나타낸다.

여기 인큐베이터 쌍둥이라는 영화로 전 세계인을 눈물로 감동시킨 얘기 하나를 소개한다. 우리나라에서도 그 영화를 본 사람들이 많이 있을 것으로 안다.

'생명을 구하는 포옹(The Rescuing Hug)'이라는 제목으로 사이트 다음에 올려 져 있는 이 사진은 전 세계인을 감동시킨 주인공들의 얘기다.

카이리와 브리엘은 매사추세스 메모리얼 병원에서 예정보다 12주나 일찍 태어났다. 두 아이는 체중이 1kg도 안 되는 조산아로 태어나 각각 다른 인큐베이터에 넣어졌다. 의사는 심장에 이상을 안고 태어난 브리엘이 곧 죽게될 것이라고 생각했다.

예상대로 카이리는 잘 자랐는데, 브리엘의 상태는 달리 손을 쓸 수 없을 정도로 점점 악화되어갔다. 호흡과 맥박이 좋지 않아 거의 죽기 직전이었다. 생후 1개월 정도 되던 때였다.

이 때 19년 경력의 간호사 게일은 과거 유럽에서 써오던 미숙아 치료법을 떠올리며, 죽어가는 브리엘을 카이리의 인큐베이터에 같이 넣을 것을 제안했다. 카이리와 브리엘은 생명을 갖게 된 이후로 줄곧 엄마 뱃속에서 붙어 있었으니까 같이 있는 것이 더 좋을 거라고 말했다.

의사는 두 아이를 한 인큐베이터 안에 두는 것이 병원 방침에 어긋나는 것이어서 잠시 고민을 했다. 그러나 곧 엄마의 동의를 얻어 두 아이를 한 인큐베이터에 나란히 눕혔다. 브리엘이 카이리의 인큐베이터로 옮겨진 것이다.

그 순간에 기적 같은 일이 벌어졌다. 카이리가 손을 뻗어 브리엘의 어깨르르 포옹하듯 안은 것이다. 그러자 브리엘의 심장이 안정을 찾기 시작했고 혈압과 체온이 정상적인 카이리와 똑같아진 것이다. 간호사도 처음에는 기계가 오작동 한 줄 알았을 정도로, 기적적인 일이었다.

그야말로 '생명을 구하는 포옹'이었다. 14년이 지난 지금, 카이리와 브리엘은 각각 간호사와 수의사를 꿈꾸는 소녀로 건강하게 잘 자라고 있다. 생명이 꺼져가는 동생 브리엘을 무의식적으로 느끼며 카이리는 말로는 표현을 못해도 동생 브리엘을 살려야 된다는 한 핏줄만이 가질 수 있는 형제애(兄弟愛)를 뼈저리게 느끼며 울었을 지도 모른다. 그것이 사랑의 위대함이다.

남서울 종합예술 전문직업학교 댄스 스포츠 CEO 과정을 지도하는 진영자 주임교수의 증언을 들어보자.

내가 지도하는 권 모(65세, 여) 씨는 비만이 아주 심하고 당뇨까지 있어 삶이 너무 힘들어 많은 고통을 받고 있었다. 정상적으로 걸을 수 없다 보니 가사는 물론, 시장을 보는 일 등 고통스러운 게 한둘이 아니었다. 나는 그녀에게 댄스를 가르쳤다. 우선 그녀를 붙잡고 바른 걸음마 연습부터 시키기 시작했다. 하루에 1시간, 2시간, 3시간…. 연습량을 점차 늘려나가다 보니 그녀의 걸음 동작이 정상적으로 돌아왔다. 동작도 점점 민첩해지기 시작했다. 그렇게 수개월이 지났다. 처음에는 누구와도 춤을 출 엄두를 못 내던 그녀가 남자 파트너들과 춤을 출 수 있는 용기를 냈고 그 비대하던 몸도 차츰 정상적 체형으로 바뀌었다. 일상생활의 어려움이 없어진 것은 물론이고 10여 년이 지난 지금은 고령이 되었음에도 콜라텍에도 열심히 다니며 즐거운 노년인생을 보내고 있다.

또 다른 수강생 김 모(56세, 여)씨는 몸이 얼마나 비대한지 그 역시 걸음을 제대로 걷지 못했다. 계단을 오르내릴 때는 계단 옆 손잡이를 잡고 벌벌 떨며 뒤로 걸어내려 오는 형편이었다.

그녀 역시 앞에 소개한 사람과 같이 걷는 것부터 바르게 열심히 지도하였다. 20회 정도 바르게 걷기 지도를 받고 나니 우선 살이 많이 빠졌다. 체형은 균형이 잡히고 마음은 젊어졌다. 그녀 역시 당당히 남자 파트너들과도 어울릴 수 있게 되었다.

시간이 많이 지난 지금은 그 역시 콜라텍을 자유롭게 드나들 정도로 댄스 실력이 향상되었고 몸매도 여자다워져 삶에 의욕을 갖고 멋진 인생을 살아가고 있다.

또 한 수강생 박 모(68, 여. 당시 58세) 씨는 체중이 90km 이상이나 나가 과체중으로 인한 심근경색 등 여러 가지 질병을 가져 병원에서도 1년 이상 살기가 어렵다는 진단을 받았다. 절망에 빠져 날마다 울었다. 그러다 살 길이 있으면 무엇이든 해보겠다는 생각으로 춤을 배우기 시작했다. 음악을 들으며 여럿이 어울려 물결치듯 율동을 하고 흥겨운 분위기에서 배우다 보니 6개월이 훌쩍 지났다. 그리고 보니 체중이 놀라울 정도로 빠졌고 심장도 튼튼해진 것 같았다. 걸음걸이가 가벼워져 삶에 용기가 생겼다. 그 후 병원에 가서 정기검진을 받는데 담당 의사가 놀랍게 변한 그녀를 보고 당신 지금 뭘 하느냐고 물었다. 댄스를 배운다고 했더니 놀라운 표정으로 열심히 계속 하라고 했다. 10년 이상 춤을 춰 온 그녀는 지금도 열심히 춤을 추고 있으며 그 운동 효과를 누구보다도 크게 보고 있다. 이제 즐거운 노년의 인생이다.

9. 다리 힘과 섹스와의 상관관계

나이를 먹으면 가장 먼저 다리가 약화된다. 다리가 약해지면 남자는 페니스가 약해진다. 남성들이 명심해야 할 신체적 메커니즘이다. 다리의 근육인 대퇴근은 뇌의 전두엽을 자극하고 혈액순환을 원활히 하는 역할을 담당한다. 따라서 페니스를 강화하려면 다리를 강화하면 된다.

다리에 관한 스핑크스의 질문으로 거슬러 올라가 보자. 스핑크스는 그리스 신화에 나오는 괴물로 여행객들의 길을 막고 수수께끼를 낸다. 그는 아침에는 네 발로 걷고 점심에는 두 발로 걷고 밤에는 세 발로 걷는, 그러니까 직립을 가능케 하는 다리를 가진 동물이 무어냐고 묻는다. 이 질문에 답을 맞히고 길을 통과한 자는 그 유명한 오이디푸스라는 인물이다. 수수께끼의 정답은 바로 인간인데, 여기서 다리의 상징에 주목해볼 필요가 있다. 밤에 세 발로 걷는 인간이란 늙어서 지팡이를 짚고 있는 형상이기도 하지만 한밤중이라는 시간을 감안할 때, 세 개의 다리란 남자의 페니스를 가리키는 게 더 맞지 않을까?

잠을 자는 중에 페니스가 발기된다는 것은 혈액순환이 원활하다는 증거이다. 파트너와 한이불을 덮고 편안하게 잠자리에 들면 신진대사가 활발하게 진행된다. 혈액이 적절하게 공급되니 페니스가 행복하다고 속삭이기 위해 벌떡 일어선다. 페니스가 행복하면 파트너와의 금슬도 좋아진다. 거문고와 비파가 서로 어울리는 모양처럼 파트너 간에 두터운 정과 사랑이 넘쳐난다. 노화가 저지되는 순간이다.

다리의 근육인 대퇴근을 강화해야 한다. 다리가 튼실하면 부지런히 몸을 움직일 수 있다. 그렇게 해서 흘린 땀은 냄새부터 향기롭다. 피부가 모공을 활짝 열어 숨을 쉬기 때문이다. 피부가 미끈미끈해진다. 피부가 미끈해지는 건 좋은 자극을 받아서다.

상쾌해진 기분과 미끈미끈한 피부는 섹스하기에 최상의 컨디션이다. 최상의 컨디션은 뇌를 이완시켜 쾌감물질인 베타엔도르핀을 마구 분비해낸다. 페니스가 힘차게 솟아오른 남성과 몸이 흠뻑 젖어 윤기가 흐르는 여성은 최상의 조합이다.

그런데 더러 미끈거림을 견딜 수 없어 섹스리스가 되었다는 자들도 있다. 본디 섹스는 질퍽한 것들을 교환하는 행위인

지도 모른다. 키스할 때의 침, 여성의 흥건한 애액, 남성의 정액은 모두 미끈거리는 물질이다. 그것을 견딜 수 없는 부류는 테크노스트레스 증후군을 겪는 자들이다.

테크노스트레스 증후군이란 컴퓨터로 인하 받는 스트레스이다. 급속하게 발달하는 기술혁신을 수용하지 못하고 정신적으로 불안정해지는 상태다. 그 증상으로는 정신적으로 우울, 불안, 초조 등이 있고 신체적으로는 수면장애, 피로, 식욕부진, 두통 등이 있다.

이렇듯 테크노스트레스 증후군을 앓고 있는 자들은 인간이 생물이라는 사실을 잊은 자들이다. 그런데 문제는 결혼하고도 미끈거림이 싫은 탓에 성행위를 삼가는 섹스리스가 증가한다는 사실이다. 이들 대부분이 만화나 컴퓨터 게임 속의 여성에게 환상을 갖고 있다. 이들은 실제 여성의 윤기 흐르는 알몸보다는 전시(display)해놓은, 마른 듯 건조한 여성에게 흥미를 느낀다. 그들은 단지 시각이 주는 섹시함에만 집중한다. TV 화면이나, 만화, 가상공간의 캐릭터인 여성에게만 매력을 느끼고 사랑한다. 이들 테크노스트레스 증후군자들은 인류의 태생 자체를 거부한다고 말할 수 있다. 더 극단적으로 말하면 인간끼리는 정도 나누기 싫다는 것이다. 그런 자들 역시 어머니의 자궁 속에서 살다가 미끈미끈한 산도를 통해 태어난 인간이 아니던가? 아득한 인류의 생명기억을 망각하고 있다고밖에 말할 수 없다. 인간은 잠재된 기억을 깡그리 잊을 수는 없다. 따라서 그들이 미끈거림을 거부하는 건 원초적 체험을 기억하고 있는 원 풍경 장치가 고장 난 것인지도 모를 일이다.[46]

테크노스트레스 증후군자들은 정서적으로 불안정하다. 이들에게 필요한 건 자신을 즐기고 표현하는 과정에서 정서적으로 안정을 되찾는 길뿐이다. 건강댄스를 권하고 싶지만, 자칫 동작을 따라 하는 것 자체에 스트레스를 받을 수 있기에 이들에게는 상처나 몸의 불균형을 회복시켜주는 '춤 소리 명상'을 시도해보는 것이 좋을 듯싶다.

'춤 소리 명상'은 몸을 상하로 움직이면서 반동을 주면 된다. 리듬에 맞춰 반복적인 동작을 하다 보면 몸의 정체된 부위를 움직이게 하는 동작이 터져 나오거나 생각지 않았던 동작이 저절로 나오기도 한다. 이때가 바로 명상을 통해 도달할 수 있는 알파파와 세타파의 뇌파 상태다. 알파파와 세타파는 일상에서 받는 스트레스 등의 외부 자극에서 벗어나 깊은 내부의식 상태로, 우뇌가 활성화되고 우리 몸 고유의 자연 치유력이 깨어나 몸과 마음의 불균형을 회복시켜 준다. 춤 소리 명상은 이런 알파파와 세타파의 조화를 이루어 내는 가장 쉬

46 大島 淸. 著. 같은 책. pp. 171~173

운 명상법 중의 하나이다.

춤 테라피는 자신의 몸과 영혼이 하나로 통합되어 '나'라는 존재를 만나는 것에 초점을 둔다. 서울 서초동에서 명상과 함께 춤 테라피를 가르치는 화이트 댄스 강사인 양희아(34세) 씨는 춤이 단순한 스트레스 해소를 넘어 억눌린 마음의 상처까지 치유하는 효과가 있다고 강조한다.[47]

노인들 역시 다리에 힘이 빠졌다는 이유로 테크노스트레스 증후군자들과 같은 섹스리스가 많다. 일찌감치 포기할 일이 아니다. 요즘 유행하는 노인들을 위한 벨리 댄스인 '실버 벨리'를 적극적으로 활용하여 건강한 노년을 즐겨라.

10. 뇌 사용 설명서

섹스를 삽입의 문제라고 생각하는 이들이 많다. 이는 쾌감을 느끼는 기관을 잘못 알고 있는 셈이다. 섹스에서의 쾌감을 느끼는 기관은 뇌의 대뇌변연계에 있는 시상하부이다. 동물의 뇌라고도 말하는 대뇌변연계가 인간의 본능을 담당한다. 그러니까 기분이 좋다고 느끼는 건 하반신이 아니라 대뇌변연계이다. 대뇌변연계는 보다 상위에 있는 대뇌신피질에 의

---

47 다이어트에 효과만점인 벨리댄스 시범과 기초 동작을 배운다. / 이태경 객원기자

해 컨트롤 된다.

인간의 뇌는 구조적으로 대뇌신피질이 대뇌변연계를 푹 덮은 형태로 되어 있다. 그리고 대뇌변연계의 아래에는 파충류의 뇌라고 하는 뇌간척수계가 있다. 큰 범위로 말한다면 인간의 뇌는 3층으로 되어 있는 셈이다. 아래로부터 파충류의 뇌, 동물의 뇌, 인간의 뇌 순이다.

뇌가 진화한다는 것은 파충류 뇌 위에 새로운 동물 뇌인 대뇌변연계가 만들어지고 인간 뇌인 대뇌신피질이 만들어지는 것이다. 파충류와 같은 공격성과 분노는 파충류 뇌가 담당하고, 포유동물에서 보여 지는 희로애락 그리고 성욕과 식욕은 동물 뇌가 담당하며, 창조성이나 따뜻한 인간의 감정, 행동에의 의욕은 인간의 뇌인 대뇌신피질이 담당한다. 이 대뇌신피질 속 이마 부분에 해당하는 기관이 전두엽인데, 여기서 상상력에 관한 모든 창조성이 나온다.

길거리를 걷다가, 혹은 거나하게 취했을 때, 또는 나이트에서 만난 남녀가 하룻밤 관계를 맺었다고 해보자. 이 관계는 아무런 미의식도, 미묘한 마음의 기미도, 창조적인 대화도 없다. 단지 점막과의 접촉일 뿐으로 성욕을 관장하는 대뇌연변계의 시상하부를 만족하게 하는 행위에 지나지 않는다. 따라서 인간의 뇌인 대뇌신피질은 아무런 쾌감을 얻지 못했다.

그래서 대부분 다음 날 아침 서로 얼굴을 붉히며 헤어진다.

물론 맑은 정신으로 대뇌신피질을 자극하는 관계로 발전하는 경우도 가끔 있지만 말이다.

동물적인 관계를 맺은 경우에 상대방의 인상을 그리라 하면 성기를 사실적으로 그리지만, 균형이 맞지 않은 그림으로 표현된다. 이에 반해 사랑으로 관계를 맺은 경우는 상대방에서 받은 인상을 전체적으로 균형 있는 그림으로 표현한다. 이렇듯 인간에게 섹스라는 행위는 시상하부의 동물적 만족과 인간의 뇌인 대뇌신피질의 창조성이 결합해야 생리적으로 완전한 섹스가 된다.

그리하여 사랑으로 하는 섹스가 인간의 섹스다. 섹스의 쾌감도 최상이다. 신뢰와 존경을 쌓은 오랜 관계에서 가능한 일이다.

섹스가 삽입의 문제라는 생각을 지우고 뇌로 하라. 창조성을 관장하는 대뇌신피질로 따뜻한 온기와 감정을 교류하라. 연륜을 쌓아온 노부부에게 요구되는 섹스의 한 방법이다. 성은 뇌에 의해 조정된다. 따라서 성은 두 다리 사이가 아니라 두 사람의 뇌 사이에서 생긴 욕정으로 황홀해지는 셈이다.

11. 숟가락을 들 수 있을 때까지

모든 인간의 심층에는 무언가에 끌리는 호기심이 있다. 그중 가장 강력한 것이 이성에 대한 끌림이다. 아무것도 모르는 유아 적부터 왠지 이성에게 끌리는 현상은 인간의 본성인지도 모른다. 이런 경험이 없는 사람은 거의 없다. 이성은 가슴을 설레게 하는 존재임이 틀림없다. 명백한 이 사실을 통속적으로 표현하면 무언가를 하고 싶은 기분이다. 이 기분은 나이가 들어도 약해지거나 쇠퇴하지 않는다. 함께 있고 싶고 접촉하고 싶고 섹스하고 싶다. 그러한 마음이 사라지는 때라면 죽음이 임박했다는 증거일 것이다.

이성에게 잘 보이고 싶은 마음은 노인도 매한가지다. 노인들이 화려한 옷을 즐겨 입는 이유이다. 화려한 치장으로 노쇠하고 추레한 육체를 감추는 것이다. 이렇듯 부단히 옷매무새를 신경 쓰는 노인이라면 삶에 대한 현역의식이 있다는 뜻이다. 그 현역의식의 단적인 표현이 멋내기이다.

한편, 나이가 들어서도 여전히 성적 매력을 유감없이 발휘하는 노인도 있다. 그런데 보통 사람들은 멋을 내는 노인은 환영하지만, 성적 매력을 발휘하는 노인은 비난한다.

"대체, 나이가 몇인데 아직도? 노인 주제에 추한 걸 모르나? 자식들 보기에 창피하지 않나?"

이런 말을 들은 노인은 반박하고 싶다.

"인간은 성을 추구하는 존재이다. 노인도 인간이다. 고로 노인도 성을 추구할 권리가 있다. 따라서 그것을 부정하는 것은 삶을 그만두라는 것과 같다. 지금 비난하는 당신도 때가 되면 알 것이다."

성적인 호기심도 일종의 멋이다. 전두엽의 기능이 활발하고 혈액순환이 원활하다면 나이와 상관없이 성적 호기심은 있게 마련이다. 거기에는 삶에 대한 애정도 포함되어 있다. 혹여 상대가 오랜 세월 함께 살아온 아내라면 연정은 사라졌을지 모르나 대신에 긴 시간 속에서 얻은 소중함이 있다. 무언가를 공명(共鳴)해온 친밀한 마음이다. 이런 상대와 즐거운 일상을 지속하면 뇌도 혈관도 노화하지 않는다.

제6장

꽃피는
황혼을 위하여

—

1. 섹스를 들여다보는 뇌

뇌가 감동하면 대량의 베타 엔도르핀을 분비한다. 감동한다는 것은 생명감이 전신을 휘감아 돌면서 날아갈 듯 가슴이 벅차오르는 상태다. 이는 인간만이 느낄 수 있는 감정이다. 인간은 하루에도 수십 번씩 어떤 일에 관한 느낌이나 심정이나 기분이라는 감정의 굴곡을 지난다. 감정의 굴곡을 지난 인간의 마음은 이제 감동 앞에 선다. 나는 여기서 감동할 것인가? 아닌가?

감동은 때로 신념이나 이데올로기보다 무서운 힘을 발휘한다.

감동을 잘 받는 사람은 베타 엔도르핀의 분비가 많은 것이다. 그렇지 않은 사람은 쾌감물질의 분비가 어렵다. 감동에 인색한 사람은 성취감도 없고 무언가를 끝까지 해내는 인내심도 부족하고 자기중심적인 사고로 상대를 배려하지 않는 성격이다. 당연히 쾌감 물질로 체온이 상승하여 나른하면서도 상쾌해지는 충만감을 알 리 없다. 그들은 행복을 모른다. 쾌락을 모르는 그들의 인생은 가엾다. 인간의 최종 목표는 행복이지 않은가. 그 행복 추구는 쾌락을 통해서 얻어진다고 에피쿠로스[48]가 외쳤다. 그는 자주 거닐던 정원에 이런 글을 써놓았다.

---

[48] Epikuros. 2천 년 전의 철학자. BC. 341~270

"행복해라! 이곳에선 쾌락이 최고의 선이다."

그는 쾌락에도 등급이 있다고 보았다. 육체의 고통과 정신의 불안으로부터의 자유로운 상태가 진정한 최고의 쾌락이라고 역설(力說)했다.

에피쿠로스가 말하는 최고의 쾌락을 누리기 위해서는 베타 엔도르핀과 친해야 한다. 자주 감동을 해야 한다. 뇌가 노화하지 않도록 기쁨의 정서를 끌어안아야 한다. 뇌를 감동하게 하라는 말이다. 대량의 베타 엔도르핀을 선물로 받아야 한다. 그러려면 쾌락을 추구해야 한다. 쾌락은 감성의 만족이나 욕망의 충족에서 오는 유쾌한 감정이다. 비록 에피쿠로스는 육체의 쾌락보다 정신의 쾌락을 보다 차원 높은 쾌락으로 보았지만, 우리 평범한 노인들은 솔직해질 필요가 있다. '육체의 고통과 정신의 불안으로부터의 자유로운 상태'에 가장 근접한 경우는 바로 섹스할 때가 아닌가.

섹스만큼 우리에게 평온한 마음을 선사하는 건 드물다. 섹스할 때의 몸의 변화를 생각해보자. 남녀 모두 혈압과 맥박이 높아진다. 여성은 골반 근육이 경련하여 질 수축이 일어난다. 남성은 요도 근육이 수축하여 성적 흥분과 희열이 고조된다. 이 상태가 오르가슴이다. 최고 감동의 순간이다. 최고 행복의 순간이다.

강렬한 오르가슴에 도달하게 하는 건 섹스가 유일하다. 인간이 섹스를 즐기는 이유이다. 그 순간만큼은 어떤 고민도 없다. 온전히 그 자체를 즐긴다. 그야말로 뇌를 시키기 위해 전력을 다하는 것이다. 섹스 행위로 행복해진 뇌는 쾌감물질을 아낌없이 흘려보낸다. 그러면 육체의 고통과 정신의 불안으로부터 자유로워진다.

이렇듯 매일매일 감동한 뇌의 선물을 받는다면 우리 노인들도 젊은 날 못지않은 희망찬 매일매일을 살 수 있다.

2. 성의 지배자

킨제이는 '결혼생활'에서의 행복과 불행 그리고 파탄에 이르는 주 요인을 성적불만으로 보았다. 그만큼 성적불화가 있는 부부라면 파국에 이르기가 쉽다는 말이다. 이에 반해 부부지간에 문제가 있어도 성적관심에 대한 공통이해가 있다면 두 사람의 연결고리는 확고하다. 부부가 살아가는 데 있어서 소소한 사건이나 사고는 크게 문제가 되지 않는다. 결국, 부부간의 성적관심과 이해는 가정생활을 유지하는 데 매우 중요한 요소다. 킨제이는 보고서에서 이혼의 75%가 성적인 문제로 불화했다고 밝혔다. 성적문제로 인한 불화는 침대에서

만 일어나는 것이 아니라 결혼생활 전체를 파고드는 강력한 요인이라 할 수 있다. 성 문제로 불화를 겪은 부부 이야기를 들어보자.

U 모 씨(남편, 현재 57세)는 K 모 씨(아내, 현재 52세)와 30년 전 결혼하여 두 아들을 낳고 다복하게 살아가고 있었다. 하청업체를 운영하며 월평균 7~800만 원 정도를 벌어들이는 그는 아무런 부족함이 없어 보였다. 그의 아내 역시 늘 웃는 낯으로 불만이 없어 보였다. 누가 보더라도 화목하고 평화로운 가정임이 틀림없었다.

그러던 어느 날 아내는 남편의 몸에서 낯선 향기를 맡았다. 아내는 남편을 의구심 가득한 눈길로 살피면서도 고개를 저었다.

'단 한 번도 불만을 제기하지 않았는데, 그럴 리 없어.'

아내는 30년 동안 가정을 잘 꾸려온 남편을 의심하는 자신이 미웠다. 아내는 좀 더 지켜보자고 결심했다. 남편에게서 나는 향기는 매번 달랐다. 아내는 급기야 남편을 미행하기로 마음먹었다. 아내가 남편의 사업장 주변에서 일주일 째 잠복하고 있을 때였다. 남편이 차에 올라탔다. 아내는 택시를 타고 남편의 뒤를 쫓았다. 남편이 도착한 곳은 호텔이었다.

충격을 받은 아내는 숨을 쉴 수가 없었다. 아내가 애써 진정을 찾는 사이, 남편이 엘리베이터를 타고 사라졌다. 남편이 들어간 방을 찾을 수 없었던 아내는 무작정 기다릴 수밖에 없었다. 두 시간가량이 지났을 때였다. 여자의 어깨에 손을 얹고 나오는 남편의 모습이 보였다. 다짜고짜 아내는 여자를 향해 달려들었다. 그러나 남편이 막아섰다. 아내는 가로막힌 남편의 벽을 뚫지 못한 채 제 가슴만 쥐어박았다. 남편의 저지에 옴짝달싹하지 못하던 아내는 줄행랑치는 여자의 뒷모습만 바라봤다. 결국, 아내는 분풀이도 못 하고 씩씩거리며 집으로 돌아왔다.

아내는 생각할수록 견딜 수가 없었다. 자존심이 상했다. 아내가 본 여자는 너무나 볼품이 없었다. 얼굴, 나이, 몸매, 키, 어느 것 하나 자신보다 나은 구석이 없었다. 아내가 소리쳤다.

"쪽팔리게, 겨우 그런 여자랑 바람을 피워?"

"모르는 소리 마!"

남편이 이죽거리며 대꾸했다.

"뭘 모르는데?"

"긴짜꼬(銀座子), 라고 들어봤나?"

"그게 뭔데?"

"옹녀라면 알아들을까?"

"내가 뭐가 부족한 건데?"

"당신하곤 단 한 번도……."

그 후 아내는 분하고 억울해서 남편을 간통죄로 고소하려 했다. 하지만 간통죄는 성립되지 않았다. 마침내 아내는 이혼소송을 제기했다. 아내가 이혼하기로 마음먹은 것은 남편에게 받은 배신감과 모욕감 때문이라고 했다. 자신과의 잠자리가 불만족스럽다는 핑계로 20여 년 동안 내연의 관계를 맺어온 것에 대한 배신감과 부부지간에 성적인 문제를 해결하려는 의지를 보이지 않았다는 사실에 모욕감을 느꼈다고 했다.

U씨는 성적 트러블을 아내와 공유하지 않고 독자적으로 내연의 관계를 지속해온 바람에 평화롭던 가정을 파탄에 이르게 한 경우이다. 이 사례는 부부의 결혼생활을 파국상황으로 몰아넣은 원인이 바로 성적 불화임을 보여주는 사례다.

이런 사례의 경우는 주변에서 얼마든지 볼 수 있다. 물론 여자가 바람을 피워 이혼한 경우도 비일비재하다. 유치원, 초등학교에 다니는 아이들 셋을 내동댕이치는 비정한 엄마도 있다. 부부 간의 성적 불화가 한 가정을 깨는 가장 큰 요인이 되는데도 대부분은 섹스가 인생의 전부가 아니라고 쉽게들 말한다. 어제오늘 일이 아니고 우리나라만의 일도 아니다. 그러나 역사적으로 세계적으로, 지금 이 시각에도 섹스 때문에 사람들의 운명이 바뀐다. '나'는 절대적으로 아니라고 자신 있게 말할 수 있는 사람이 과연 몇이나 될지 장담할 수 없다. 진실로 자신을 속이지 않는다면 말이다.

　인간은 왜 성의 포로가 되는가. 성급히 말하면 호르몬의 영향 때문이다. 호르몬은 종류와 작용이 많은데, 기능별로 세 가지로 구분할 수 있다.

　첫째, 몸의 발육(성기, 뇌, 골격, 근육 등의 발달)을 촉진하는 호르몬.

　둘째, 행동과 모성 활동 등의 본능적 활동과 관계된 호르몬.

　셋째, 항상성(homeostasis)을 유지하기 위한 호르몬.

　세 번째 호르몬인 항상성이 문제이다. 항상성은 생리학의 용어로 체온, 수분, 혈액 등을 일정하게 유지할 수 있도록 조절하는 호르몬이다. 이 호르몬은 뇌하수체, 정소, 고환, 난소, 부신피질, 갑상선, 췌장, 신장 등 체내의 여러 가지 기관에서 분비된다. 특히 호르몬은 성에 관계되는 뇌의 성 분화를 결정한다. 사춘기 남녀의 남자다움과 여성다움을 만들고 월경주기를 조절하는 뇌하수체의 성선을 자극한다. 또 뇌의 발달을 촉진하고 임신 중 '호르몬의 보고'라는 태반을 만드는 데 관여한다. 이렇듯 호르몬은 성을 지배하지만 또다시 뇌하수체를 컨트롤하는 시상하부에 의해 조절된다. 생리불순이 전형적인 그 예로 호르몬의 지배자는 대뇌변연계인 듯싶지만 그렇지도 않다. 대뇌변연계 역시 호르몬에 의해 조절되는 걸로 보아 서로에게 영향을 미친다는 것을 알 수 있다.

　호르몬 이외의 것도 시상하부를 중개하여 대뇌변연계에 의해 컨트롤되는데, 여기서 주목할 것이 있다. 내장 등의 역할을 조절하고 항상성의 유지를 담당하고 있는 자율신경계도 시상하부를 통해서 대뇌변연계에 의해 감시 되고 통합된다. 이처럼 자율신경계의 자율은 그 자신을 다루고 있지만, 생각대로 되지 않는다. 호르몬계도 이와 마찬가지다. 그 생존을 유지하는 데 필요한 두 개의 항상성을 유지하는 기구가 대뇌변연계의 지배를 받는다. 대뇌변연계는 사람의 성을 담당하는 것 이상으로도 중요한 의미가 있다는 것을 기억해야 한다.[49]

　이렇듯 딱딱한 과학적 이론을 설명한 이유는 부부지간의 성적인 불화는 얼마든지 노력으로 개선할 수 있다는 점을 말하고 싶어서다. 결혼한 부부가 해로하는 것만큼 아름다운 일이 또 있을까. 부부지간에 성적 관심에 대한 공통이해가 중요하다는 사실을 명심할 일이다.

49　大島 淸 같은 책, pp. 123~127

3. 성적 새로움 VS 정절의 딜레마

결혼해서 오래 산 부부들, 특히 노인들에게 신혼의 열정이 시들해지는 까닭은 무엇일까. NHSLS(National Health and Social life survey)는 결혼한 부부들이 아내나 남편보다는 외도에서 얻는 오르가슴이 더 크다는 모순적 결과가 있다고 보고했다. 이런 보고에 슈나르흐는 전희부터 오르가슴에 이를 때까지 눈을 뜨고 성관계를 가지라고 권고했다.[50]

이는 '간접 접촉'으로 시시각각 변화하는 모습을 지켜보면서 흥분을 얻으려는 유도이다. 오래된 부부라도 평소와는 다른 낯선 방법을 시도하면 시들해진 성관계에 활력을 불어넣을 수 있다. 이는 성적흥분을 얻는 한 방법으로 관음증에 대한 호기심을 자극하면 신혼의 열정을 새롭게 느낄 수 있다는 조언이다.[51]

정신분석학적으로 관음증은 다른 사람의 성교 장면이나 성기를 몰래 반복적으로 보면서 성적인 만족을 느끼는 성도착증의 일종이다. 하지만 이 증세가 6개월간 지속하지 않으면

---

50 위의 책, pp. 357~360
51 이선규의 같은 책, pp. 47~48 참조.

문제 되지 않는다. 인간은 누구나 엿보기에 대한 호기심이 있다. 캉캉 춤이 관음증을 충족시켜주려고 고안된 춤이라는 설이 있듯이 말이다. 스커트 안에 아무것도 입지 않은 무희가 미끈한 다리를 들어 올릴 때마다 남성들의 고개가 비틀어진다. 이는 무희의 비밀스러운 곳을 엿보려는 관음증의 심리가 아니고 무엇이겠는가.

어떤 방법을 동원해서라도 부부가 좋은 관계를 유지할 수 있다면 더는 바랄 게 없다. 하지만 부부지간에 성적 관심에 대한 공통 이해가 뒷받침되지 않는다면 문제가 불거질 수 있다. 이런 문제가 막상 불거지면 성적 관심을 전혀 보이지 않던 배우자라도 하늘이 무너진 듯 망연해한다. 일반적으로 성적 환상은 남성의 전유물처럼 여겨져 왔는데 실은 그렇지가 않다. NHSLS가 여성도 역시 다른 파트너에 대한 환상을 갖고 있다는 결과를 보여줬지 않은가.

남녀 모두 성적 환상을 갖고 있지만, 대부분은 스스로 제약한다. 사회적 오명과 경제적 제약(발각되거나 이혼할 때 드는 비용) 그리고 자식들에 대한 걱정과 윤리적 체계가 있기 때문이다. 당신이 만약 7년째 권태로운 결혼생활을 지속하고 있다면 어떻게 하겠는가. 확실한 해결책이 외도일 텐데, 불륜상대를 경험하는 자체는 기쁠 테지만 다른 한쪽이 애석하게도

피해를 보게 될 것은 자명하다.[52]

NHSLS에 따르면 오래된 부부라도 항상 오르가슴에 이르는 비율이 남성은 81%, 여성은 43%이다. 부부의 절반가량이 성관계에서 오르가슴을 경험한다고 보면 된다. 그렇다면 오르가슴을 느끼지 못하는 절반가량이 성적 환상으로 외도를 꿈꾸는 것일까. 성욕은 일종의 보상과 장려에 의한 강화 요법(operant conditioning)이라고 주장한 어떤 과학자의 말이 맞는지도 모른다. 그는 육체적 즐거움이 남녀를 묶어준다고 보았고 특히 여성의 육체적, 정신적 흥분의 필요성에 대한 심리적 차원을 강조한 바 있다.

만일 여성이 어떤 남성에게 반한다면 그는 그녀가 원하는 특징을 갖고 있을 것이다. 그것이 육체적인 매력일 수도, 그의 말투나 행동일 수도 있다. 어떤 특정한 형질과 상관없이 여성이 바라는 기준을 그 남성이 모두 갖추고 있다면 여성은 오르가슴에 도달할 가능성은 훨씬 높아진다. 여성이 의식적으로 따질 필요 없이 그 과정은 무의식적으로 일어나며 오르가슴에 더 쉽게 도달한다는 것이다. 어떤 사람들은 이것을 '현상의 로맨스'라고 부르고 또 어떤 사람들은 '열정'이라고 부른다. 하지만 여성은 늘 남성보다 평범한 성관계와 훌륭한 성

---

52 권준수 역 ,같은 책, pp. 352~356

관계 사이의 차이에 대해 더 잘 인식하고 있다.

　오르가슴은 여성의 호르몬 상태를 미묘하게 바꾸는 듯 보인다. 독일에 있는 한 그룹은 여성이 자위행위를 할 때 성호르몬의 변화를 관찰했다. 오르가슴을 경험할 때 프로락틴과 옥시토신이라는 두 호르몬이 현저히 증가하였다. 프로락틴은 젖 분비를 자극하고, 옥시토신은 자궁의 수축을 일으킨다. 이러한 과학적인 근거로 볼 때 오르가슴을 느끼지 못하면 불만족이 끼어든다는 건 사실이다. 결과적으로 오래된 관계에서는 성적 새로움에 대한 추구와 정절이라는 딜레마가 충돌할 수밖에 없다는 데에 반론에 여지가 없다.[53]

4. 나이가 들수록 엔진을 돌려라

"나이가 들어도 상관없다. 아직 늦지 않았다."

Ruth Westheimer 박사[54]는 1980년대 초반, 섹스에 대한 논의가 활발히 진행되지 못했던 시기에 솔직한 충고를 했다. 인간은 나이가 들어감에 따라 육체가 점점 노쇠해진다. 따라서

53　권준수 역, 같은 책, pp. 345~352
54　미국 생리학자로 성 지식에 많은 공헌을 함.

성행위도 줄어든다. 그렇다고 성에 대한 환상까지 줄어드는 건 아니다. 다만 발기가 잘되지 않아 우울할 뿐이다.

인제 그만 우울에서 벗어나도 좋다. 남성이 발기하지 않는다 하여 여성을 기쁘게 못 하란 법은 없다. 나이 많은 노인도 젊은이들 못지않게 섹스를 즐길 수 있다. 다만 발기력이 더디다는 점은 부인하지 말자. 비단 노인뿐만 아니라 나이별로 발기하는 데 걸리는 시간은 늦어지게 마련이다. 발기하는 데 걸리는 시간이 젊은이가 3~5초라면, 50대는 적어도 2배 이상, 70대는 3배 이상의 시간이 걸린다. 여기에 노인만의 장점이 숨어 있다. 젊은이보다 노인은 성에 대한 통제력이 훨씬 훌륭하다. 나이가 섹스를 더욱 성숙하게 만드는 요인이 된다.[55]

이제 당신들의 엔진을 돌려라. 늙었다는 이유로 금욕한다면 첫째, 자신에게 더욱 치명적인 해가 된다. 앞선 제4장에서 뇌과학의 메커니즘에 대해 충분히 설명하였으니 궁금하면 다시 들춰보라. 둘째, 금욕하면 전립선에 해롭다. 의학적으로도 증명된 사실이지만 전립선염은 항생제와 잦은 사정으로 치료될 수 있다. 일부 의사들에 따르면 규칙적인 사정은 전립선의 통로를 확보해주기 때문에 전립선병 예방에 좋다고 한다. 나이 많은 남성들에게서 종종 보이는 '홀아비 증후군(widower's

---

55 정진희 외 역, 같은 책, pp. 24~26

syndrome)'이라는 게 있다. 계속해서 금욕한 탓에 불임이 된 경우를 가리킨다.

늙었다는 이유로, 발기되지 않는다는 이유로 금욕한다면 점점 혈관이 콜레스테롤에 막혀 혈류가 줄어들고 산소가 부족해진다. 영원히 발기 불능자가 되지 않으려면 제4장을 다시 들춰보고 쾌감 신경을 깨워 폐용위축이 되지 않도록 힘써라.[56]

남성도 폐경기가 있다. 프랑스 투르에서 열린 '유럽 인간생식 · 태생학 연례학술회의'에서 발표된 한 연구보고서에 남성은 39세부터 정자의 질이 서서히 저하되기 시작한다고 한다. 그러니까 39세가 넘어가면 임신시킬 가능성이 줄어든다고 봐야 한다. 또 이때부터 남성의 정자는 난자와 결합하여 수정란을 만들 가능성이 매년 7%씩 줄어든다고 밝히고 있다.

남성에게는 여성의 폐경기처럼 갑작스러운 변화는 없다. 하지만 남성도 나이가 들면서 남성호르몬(테스토스테론)의 감소로 신체 변화가 생긴다. 에스트로젠의 감소로 나타나는 여성의 갱년기 증세와 비슷하다고 할 수 있다. 이러한 증세를 남성의 폐경기라고 부르며 이는 남성의 종말이라는 의미로 남성 정지기라고도 한다.

여성과는 달리 남성에게 주어진 주변 상황은 남성 폐경기

---

56 위의 책, pp. 22~23 참조.

의 변화를 더욱 가속하는 요인으로 작용한다. 사회적 장악력의 상실, 자신감의 결여, 가족 위계의 붕괴 등은 남성 갱년기를 한발 더 앞당기는 주된 원인으로 작용한다. 계속되는 사회참여, 건전한 취미생활의 지속, 가족관계의 원활한 유지가 남성 갱년기를 늦추고 문제없는 노년을 맞이하는 방법이다.[57]

5. 남과 여의 사랑 표현법

많은 남성은 수많은 여성과 성관계를 원한다고 알려졌다. 그에 반해 여성은 한 남성에 정착하여 아이를 낳고 양육하며 살기를 원한다고 믿어 왔다. 과연 여성이 한 남성에 정착하기를 원할까. 여성과 남성의 차이점은 없다. 남자와 여자는 서로 다른 형태로 새로움을 추구할 뿐이다. 새로움과 성욕 그리고 그 외의 다른 것에 대한 욕망에서 근본적인 차이점은 없다. 다만 표현법이 다를 뿐이다.

무언가를 원할 때 남성과 여성의 표현법은 서로 다르다. 새로운 것을 받아들일 때 남성과 여성의 표현법을 살펴보자.

---

57   이선규의 같은 책, pp. 43~44

어느 화창한 봄날, 캘빈 쿨리지 대통령과 그의 아내는 중서부에 있는 양계장을 시찰했다. 도착 후 닭 축사를 지나게 된 영부인은 닭이 교미하는 것을 보고 멈춰 서서 농장주에게 수탉이 하루에 몇 번이나 교미하는지 물었다. 농장주가 말했다.

"하루에 열두 번도 더 합니다."

"대통령께 그 얘기를 해주세요."

영부인이 농장주에게 부탁했다.

이번에는 대통령이 축사를 지나게 되었다. 농장주는 영부인의 부탁이 생각나 그 얘기를 대통령에게 했다. 그러자 대통령이 대꾸했다.

"매번 같은 암탉과 교미하오?"

"아니요, 매번 다른 암탉과 합니다."

농장주가 대답하자 천천히 고개를 끄덕이던 대통령이 그에게 부탁했다.

"내 아내에게 그 사실을 말해주시오."

이 일화는 동물들의 성행위를 연구하는 학생들에게 잘 알려졌다. 그 후 쿨리지효과는 새로운 여성과 성교하려는 남성의 능력과 동의어가 되었다. 샌타바버라 대학교의 인류학자인 도널드 사이먼스(Donald Symons)는 남성은 선천적으로 성적인 다양성을 갖고 있다고 말했다.

친숙함은 권태를 유발한다. 반복에 의한 즐거움의 감소는 성에 대한 집착을 위협한다. 새로움은 훌륭한 경험을 만들어내는 확실한 방법이다. 하지만 부부 간의 의무와 정절 때문에 우리는 새로움에 대한 갈망을 억제한다. 예측 가능하고 안전한 것과 새롭고 위험한 것 사이의 긴장은 끊임없이 형성된다. 따라서 만족은 치열한 긴장을 해결하는 방식에서 찾을 수 있다.[58]

6. 섹스 달인의 조언

개인차는 있지만 남자는 40대에 접어들면서부터 발기력이 서서히 약해진다. 부부가 결혼하면 아이가 생기고 거기에 수반되는 사회적, 가정적 일들이 많아지게 마련이다. 자연적으로 스트레스를 받아 성적 관심도 소홀해진다.

65세 이상의 고령이 되면 생물학적으로 그 정도가 심해진다. 노년을 상실의 시기라고 하듯이 사회생활로부터 멀어지는 것이 가장 큰 원인이다. 정년을 맞음과 동시에 경제력을 상실하고 그로 인해 가족으로부터도 소외된다. 자연스레 가족과 사회로부터 고립된다. 그때부터 늙은 것이 서럽기만 하다. 따라서 노년기는 소외와 고립에서 오는 심인성은 물론이

---

58 권준수 옮김, 같은 책, pp. 326~328

거니와 생물학적으로도 약해진 상태이다. 특히 남성은 발기가 현저하게 약해지거나 전혀 발기되지 않는 경우가 발생한다. 여성의 경우 질액(愛液) 분비가 멈추고 질벽이 약해져 성교통(性交痛)이 발생한다. 이러한 육체적 노쇠함으로 노부부는 곧잘 섹스 자체를 꺼리곤 한다.

앞서도 언급했듯이 신체적인 노쇠함을 인정하고 금욕한다면 기능은 점점 더 퇴화를 가속할 것이다. 그러나 현대의학의 힘을 빌리면 건조하고도 삭막한 노년기를 피할 수 있다. 비아그라나 주사요법을 비롯한 발기부전치료제며 보조기구를 쉽게 접할 수 있다. 다만 발기촉진제는 체질에 따라 위험 부담도 있어 함부로 사용할 수 없고 복용해도 전혀 효과가 없는 경우도 있다. 그런 이유로 주사요법이나 보조기구들을 많이 사용하는 추세다.

그런데 주사요법이나 보조기구들 역시 한계는 있다. 혈액 유입량을 늘려 발기시키는 까닭에 시간이 흐르고 움직일수록 강도가 점점 약해진다. 대체로 30~40분 정도 유지된다고 하지만 피스톤 운동의 숙달 여하에 따라 다소 차이가 있다. 이런 경우 여성의 질에 바르는 젤을 충분히 바르면 오래 지속할 수 있다. 조루가 심한 남성은 사정하지 않고 피스톤 운동을 오래 할 수 있는 장점이 있다.

다만 이때, 젤이 많으면 마찰력이 약한 탓에 극치감은 떨어진다. 이런 경우라면 충분히 즐긴 뒤 젤을 닦아내고 피스톤 운동을 하면 마찰력이 좋아져 쾌감의 극치를 맛볼 수 있다.

 이렇듯 늙어서도 섹스를 즐길 수 있다. 섹스 달인의 조언은 섹스 요법에서도 찾을 수 있다. '섹스 요법(Sex Therapy)'이라면 더러 당혹스러워하는 이들이 있을지 모른다. 이 치료방법만큼 효과적인 게 없는데도 부정적으로 생각하는 이들이 있다. 1960년대 들어서 섹스 치료법에 행동 요법이 더해졌고 최근에는 인식 요법까지 등장했다. 두 가지 방법 모두 합리적인 방법으로, 행동 중심적이다. 실제로 섹스 요법은 상당한 성공을 거두고 있다. 환자 중 1/3~2/3가량이 치료 또는 치료진전이 있었다. 그 결과 침대 위의 문제보다 더 복잡한 심리적 치료를 원하는 사람들이 스스로 찾아오는 추세이다. 이들은 정서적 결함이 있고 이로 인해 성 기능 장애를 유발한 경우이다. 이렇듯 섹스 요법은 나이가 들어감에 따라 바뀌는 성생활을 부부가 함께 풀어나가는 법을 다룬다.[59]

59　스티븐 벡텔 외 지음/정진희 외 2인 옮김. 성의학 사전. 2007년 4월. 서울. 이재. pp. 343~344

7. 스킨십의 효용가치

이것은 일본사회에서 일어난 일이고 일본문화의 한 단면이지만 한국 사회와도 닮은 점이 너무 많아 여기에 소개한다.

오래전의 일이다. 소가 히도미 씨가 북한에 남겨놓고 온 가족과 재회하던 날이다. 인도네시아의 수도 자카르타 공항에 소가 씨가 서 있다. 가족이 비행기의 트랩에서 내려오기를 애타게 기다리던 중이었다. 남편 젠킨스 씨가 지상에 내려서자 소가 씨가 달려갔다. 그녀는 혀를 남편의 입속에 쏙 밀어 넣었다. 그 격함에 젠킨스 씨는 일순 쩔쩔매며 약간 뒤로 물러나는 듯했다. 남편에게 착 달라붙은 소가 씨의 얼굴은 어떤 일이 일어나도 절대로 떨어지지 않겠다는 표정이 역력했다. 이 세기의 키스를 지켜본 반응은 제각각이었다. 아연실색한 사람, 대단하다고 생각한 사람, 천박하다며 고개를 절레절레 흔든 사람 등 다양한 반응들이 있었다.

소가 씨 부부는 1년 9개월 만에 만났다. 키스는 당연한 표현이다. 그럼에도 대부분 남성은 난처한 표정을 감추지 않았다. 남들 보는 앞에서 창피하지 않나? 일본 여성스럽지 않네, 하는 불쾌감을 드러내는 사람도 있었다. 이런 반응에서 짐작할 수 있듯이 일본인은 남녀 간의 스킨십에 관용을 베풀지 않는다. 예컨대 소중한 사람과의 만남에서도 겉으로 표현하지 않는다. 고작해야 머리를 숙이는 정도다. 껴안는 것은 물론이고 악수하는 일조차 드물다. 솔직한 감정표현을 자제해 온 일본인들의 부정적인 풍습의 영향이다.

일본 사회에서는 자기욕망을 억제하고 허세와 처세만을 우선시하여 사랑의 감정을 감추고 천시하는 사고방식이 통용됐다. 그러나 표면상으로는 금욕을 권하면서도 뒤로는 소곤소곤 은밀하게 어이없는 짓을 자행해왔다. 수많은 일본 포르노나 섹스 산업의 발전을 보라. 그 양면성이 여전히 맥을 잇는 중에 소가 씨는 자신의 감정을 솔직하게 표현해 보인 것이다. 동서양을 불문하고 여성은 세찬 생물이다. 소가 씨가 바로 그런 매력적인 여성성을 보여줬다. 자신의 감정에 솔직한 그녀는 멋진 여성이다.

구미사회 특히 프랑스와 이탈리아에서는 일하는 것과 먹는 것보다 사랑이 중요하다고 생각한다. 이러한 사고방식이 오랜 세대에 걸쳐 당당하게 전해져왔다. 사랑하는 딸과의 키스도 그 어떤 위화감이 없다. 극히 자연스럽게 받아들인다. 이는 노인들에게도 그대로 적용된다. 구미에서는 노부부가 손잡고 다정하게 산책하는 모습을 자주 볼 수 있다. 서로 껴안고 키스하는 광경은 일상적이다.

일본의 노인이 구미의 노인에 비해 늙은 후에 고독감을 강하게 느끼는 이유는 스킨십이 부족한 탓이다. 서로 접촉하는 감정을 소중히 여겼다면 젊은 세대들 못지않게 건강하고 명랑했을지 모른다. 오랜 습관을 바꾸기란 둘론 쉽지 않다. 꽤 용기가 필요하겠지만, 습관을 바꿀 필요가 있다.

왜냐하면, 접촉을 통해서 여러 정보를 얻을 수 있기 때문이다. 서로의 골격, 피부의 감촉, 체온, 체취, 언어를 넘어서 육감적인 이해를 얻을 수 있다. 열 마디 말보다 한 번의 접촉이 상대를 더 깊이 알 수 있다.

또한, 접촉함으로써 생기는 감정이 정신에 미치는 영향도 무시할 수 없다. 나이가 들어 심신이 약해지는 건 체력 때문만은 아니다. 쓸쓸하다는 감정은 정신적인 안정감을 잃게 하여 몸에도 악영향을 준다. 나이 든 노인을 고독에서 구원해주는 길은 스킨십뿐이다. 연애하는 노인을 보면 그렇지 않은 이에 비해 건강하다. 마음에 생기가 가득 차 있기 때문이다. 키스하고 손잡고 포옹하고 서로의 등을 다독이는 스킨십의 힘이다.

접촉할 때의 유쾌한 흥분이 피부의 모세 혈관을 자극해 피의 흐름을 좋게 한다. 모든 질병의 근간은 피의 흐름이 원활하지 않기 때문이다. 따라서 건강해지려면 피의 흐름을 좋게 해야 한다. 피의 흐름이 좋으면 피부에도, 젊음에도 윤기가 흐른다.

흔히 나이가 들어 걸리는 질병은 정신적인 측면에서 발생한다. 따라서 심신을 안정시키고 신뢰나 애정을 쏟으면 질병이 호전된다. 남녀가 접촉하는 것만큼 정신건강에 좋은 것은 없다고 해도 과언이 아니다. 피부와 피부를 접촉할 때의 편안함과 온기만으로도 고혈압이나 당뇨병이 좋아진 경우도 있다. 심지어 스킨십으로 요통을 치료했다고 주장하는 노인들도 있다.

살갗에 손을 대는 것만으로도 치료 효과가 있다고 한다. 이는 접촉으로 소통을 이룬 경우이다. 대부분 남성 노인들은 적극적으로 교제하려 하지 않는다. 한마디로 호기심이나 관심이 없다는 표현이다. 호기심을 잃어서 늙은 것인지, 늙어서 호기심을 잃은 것인지 알 수 없다. 나이가 들수록 귀찮고 뭐든 내키지 않고 친숙하지 않은 것을 피하려 한다. 이는 자신을 스스로 고립의 섬에 유배시키는 것과 같은 이치다.

고립되지 않으려면 상대에게 먼저 다가가야 한다. 무슨 말을 해야 좋을지, 떠오르지 않는다면 손을 내밀어도 좋다. 악수가 새로운 세계로 인도할 것이다. 이런 습관이 몸에 배면 인생이 즐거워진다. 한 단계를 넘어서면 다음 단계로 옮겨가기는 쉽다.

할 말이 떠오르지 않는다면 재밌었던 일, 즐거웠던 일 등으로 말을 걸면 된다. 자꾸만 대화거리가 생겨난다. 그러다 보면 상대가 궁금해지고 매력 있게 느껴진다.

여기서 인간끼리 사귈 때 솔직하게 자신을 표현해야 함을 명심하자. 솔직함에는 인간미가 있기 때문에 진정성이 엿보인다. 주저하지 말고 다가가 상대의 마음의 문을 노크하면 된다. 지금 당장 측근에게 손을 내밀어 보라.[60]

2014년 8월 10일

KBS 강연 100℃에 출연한 경상도의 한 여성 정명옥 씨(70대 초~중반)는 처녀나 젊은 시절에는 농사가 무엇인지 전연 모르다가 결

---

60 渡辺淳一 著. 같은 책, pp. 73~88

혼을 하여 자녀들을 낳아서 다 길러 성가 시켰는데 어느 날 갑자기 교통사고로 남편이 식물인간이 되었다고 했다. 졸지에 환경이 급변하니 별 도리 없이 3,000평이 넘는 사과밭을 비롯한 집안 농사일을 혼자서 도맡아 하지 않으면 안 되는 사정이었다.

험하고 힘들고 바쁜 일을 하면서도 식물인간이 된 남편의 수발을 들어주느라 경황이 없었다. 이제는 좀 익숙해져서 정신적으로 다소의 여유는 생겼지만, 식물인간이 된 남편 때문에 마음이 늘 아프다고 하면서 지금도 변함없이 지극정성으로 병구원을 한다고 했다.

그런데 그 식물인간인 남편이 나갈 때나 들어올 때 항상 포옹을 해주면 그렇게 좋아한다고 했다. 비록 식물인간이라 하더라도 스킨십은 사랑을 받고 있다는 애정과 안도감을 느끼기에 충분한 것이다. 남녀의 접촉, 스킨십은 많이 하면 할수록 우리의 정신건강은 물론, 육체에도 즐거움을 주는 신의 선물이다.

8. 가령(加齡)의 성적 메리트

나이가 들어감에 따라 용모와 외견이 쇠퇴하는 것은 피할 수 없다. 그러나 섹스에 한해서는 나이가 들어간다고 해서 반드시 마이너스가 되는 것은 아니다. 아니, 마이너스가 아니고 플러스가 되는 경우도 있다.

60~70세의 나이가 들어감에 따라 일반적으로 체력이 쇠퇴하고 기능이 떨어지는 건 확실하다. 많은 남성은 그 점에서 분명 마이너스라고 생각하지만, 반대급부로 여성과의 접촉 방법도 훌륭해진다.

젊을 때는 단지 섹스의 욕망만을 앞세우지만 그런 행위를 선호하는 여성은 없다. 여성은 섬세해서 우아한 키스와 애무에 더 감동한다. 그러한 여성의 바람은 성적인 욕망이 조금 떨어지는 노년 쪽이 더 충족시켜줄 수 있다. 극단적으로 말하면 여성이 호감을 느낀다면 키스하고 껴안아주는 것만으로도 만족해한다. 서툴고 거칠게 자신만의 욕정을 채우는 행위보다는 스킨십으로 커뮤니케이션 하는 행위에 더 쾌감을 느낀다. 여성에겐 삽입 섹스만이 능사가 아니다. 여성은 전신으로 성을 느낀다.

최근 비아그라 같은 발기제가 개발되어 발기가 전혀 안 되는 노인도 성행위가 가능하게 되었다. 그러나 문제는 어떻게 여성을 만족스럽게 하느냐. 자칫 여성이 허무함을 느낀다면 낭패가 아닐 수 없다. 여성은 예민하다. 피부감각이 매우 발달해 있다. 따라서 성행위 이외의 행위로도 만족하는 경우가 적지 않다. 성감이 극히 좁아 페니스 한 곳에 집중된 남성과는 다르다. 여성은 목덜미, 가슴, 허벅지, 엉덩이는 물론이고 국소에서 대퇴부까지 모두 성감대이다. 이러한 부위를 적절히 자극하면 엑스터시로 유도도 가능하다. 이는 노인의 섹스 방법인 슬로우 러브의 행운이다. 나이를 먹은 메리트를 충분히 살릴 수 있다.

그럼에도 남성은 거근巨根을 소망하며 늠름함을 자랑스럽게 여긴다. 이런 착각은 포르노를 지나치게 본 것이 원인일 수 있다. 페니스의 한 곳에 쾌감이 집중된 남성들의 한계이기도 하다. 페니스에 지나치게 묶여 있는 남성과는 달리 여성은 전신이 성감대이다. 노년의 남자들이 자신감을 가져도 좋을 여성성이다. 최근 자주 얘기되는 슬로우 섹스는 여성의 촉감을 자극하여 쾌감에 이르게 하는 것이다. 이 배경에는 반드시 상대를 존경한다는 정신적인 신뢰감이 뒷받침되어야 한다.

나이가 들면 체력적으로 쇠퇴한다. 원기가 부족해져 움직임도 둔해진다. 몸의 상태가 젊은이보다 불리해지는 것은 사실이다. 하지만 섹스에서만큼은 마이너스가 아닌 메리트가 되기도 한다. 이것을 잊지 말고 남성임을 포기하지 말자.[61]

---

61 渡辺淳一 著, 같은 책 pp. 126~131

9. 댄디즘으로 자신 있는 성생활을

댄디즘과 키스가 무슨 상관관계가 있다고? 어느 조사에 따르면 키스하는 동안 여성의 95%가 눈을 감고 있지만, 남성은 32% 정도만이 눈을 감는다고 한다. 과학적으로 보면 키스는 신체 내부에서 일어나는 화학반응의 결과라 볼 수 있다. 사춘기가 되면 입안과 입술 끝에 피지선이 발달하고 '세미오케미컬즈'라고 불리는 물질이 분비된다. '세미오케미컬즈'에 들어 있는 일종의 생물학적 신호는 피부 위에 분포하며 접촉으로 이동한다. 따라서 키스하면 '세미오케미컬즈'가 상대방에게 전달되어 성적 흥분을 높인다고 한다. 기분이 고양되고 정열적으로 타오른 두 사람은 '세미오케미컬즈'의 양이 증가하면서 키스의 농도가 더욱 진해진다.

키스를 자주 하는 사람은 그렇지 않은 사람보다 평균 5년 정도는 장수한다. 또한, 키스는 체중을 줄이는 데에도 크게 도움이 된다. 사랑의 성전(性典)으로 불리는 인도의 카마수트라에도 키스에 대한 얘기가 많이 나온다. 카마수트라 성전에는 키스의 종류만도 30가지가 넘는다. 섹스를 직업으로 하는 여성들은 대개 입술을 허락하지 않는다. 이유는 매춘이 사랑까지 파는 행위가 아니라는 뜻이 담겨 있다. 그녀를 사랑한다

면 키스를 해라. 키스는 작지만 가장 큰 사랑의 표현이기 때문이다.[62]

이는 노인들이 새겨둘 만한 지침이다. 노쇠한 몸에서 나는 묵은 냄새를 좋아할 이는 없다. 젊었을 때보다 더 자신을 가꾸어야 한다. 주름이 자글자글한 얼굴에 이까지 부실하다면 사랑하는 사이라도 키스하고 싶은 마음이 사라진다. 따라서 자신을 당당하게 관리하지 않으면 환영받지 못한다.

카마수트라 성전에 따르면 섹스보다는 키스가 더 소중하다고 생각될 수 있다. 앞서도 말했지만, 인간은 나이가 듦에 따라 신체도 약화된다. 물론 자연스럽게 늙어가는 모습도 아름답다. 하지만 재촉할 필요는 없다. 또한, 인간의 유한성을 인위적으로 거부하자는 차원이 아니다. 다만 자신들의 우주가 끝장날 때까지는 멋지게 살자는 제안이다. 그러기 위해서는 댄디로 거듭나야 한다고 강조해도 지나침이 없다.

말끔하게 차려입은 신사가 우아한 걸음으로 산책을 하면 시선을 끌게 마련이다. 남성뿐만 아니라 여성의 시선을 한몸에 받는다. 이렇듯 품위와 우아함을 추구하는 성향을 '댄디즘'이라 한다. 댄디즘은 19세기 서구 자본주의가 남긴 문화적 유물 가운데 하나이다. 영국의 귀족 등 상류층 청년들 사이에 몸치장이나 생활 방식에서 타인들과 구별되는 독특하면서도

---

62 이선규의 같은 책, pp. 50~51

사치스러운 스타일이 유행하기 시작했는데 이것이 댄디즘의 탄생이다. [63] 댄디즘은 곧바로 유행처럼 번져갔는데, 현재는 이 댄디즘을 두 가지 성향으로 정의할 수 있다. 첫 번째는 대다수 일상인과 자신을 구분 짓고자 한다는 마음과 두 번째는 주어진 현실과 타협하지 않고 자신만이 가진 내밀한 그 무엇을 가꿔나가고 싶은 마음이다.

우리 노인들은 댄디즘을 추구해야 할 필요가 있다. 사랑하는 이에게 키스를 거부당하지 않도록, 언제 어디서든 당당할 수 있도록 말이다. 젊은이들에게 본보기가 될 만큼 우아하고 세련된 노인이라면 자기 만족적인 삶을 살아가는 멋진 댄디즘이 아니고 무엇이겠는가.

10. 숙년(熟年) 건강법

건강이란 무엇인가? 그 정의에 대해서는 여러 가지 표현이 있을 수 있지만 '전신의 피가 원활히 순환되는 것'이라고 해야 가장 올바른 이해다. 피는 전신으로 산소와 영양을 운반하고

---

63 이 용어를 고안한 브루멜에 따르면 댄디즘이란 "타협하지 않는 예외적 삶의 양식을 통해 사회적 권위를 얻으려는 태도를 의미"했다.

피가 순조롭게 흐르지 않으면 그곳의 조직에 변화가 생긴다. 예컨대 그 부분이 위축되기도 하고 조직이 파괴되어 궤양이 생기기도 한다. 심지어는 괴사를 일으켜 탈락하는 일도 있다. 이처럼 모든 질병은 피의 흐름이 막히는 데서부터 생긴다. 그런데 전신의 혈관에는 모든 신경이 같이 달리고 있다. 바꾸어 말하면 혈관을 감독하듯이 신경이 늘 붙어 있고 이 신경에 의해 혈관은 열리고 오그라들고 하는 것이다.

예컨대 갑자기 친한 사람이 죽었다는 소식을 접했을 때, 앗, 하고 일순 얼굴이 창백해진다. 이 상태는 충격이 신경을 통해 혈관에 작용하여 일시적으로 피의 흐름이 억제되어 생기는 현상이다. 거꾸로 격한 운동을 했을 때는 혈관이 열리고 얼굴은 홍조를 띤다. 마찬가지로 무더운 더위에는 혈관이 열리고 열을 발산하도록 작용하고 매서운 추위에는 혈관을 닫아서 열의 발산을 막아준다.

이처럼 인체는 외부의 환경에 적극적으로 반응하며 살아가는 합목적적 존재다. 혈관이 닫히도록 작동하는 것이 교감신경이고 열리도록 작동하는 것이 부교감신경이다. 이 양자를 합쳐서 자율신경이라고 부른다. 이 신경은 마음의 상태, 소위 정신 상태에 의해 크게 좌우된다. 예를 들어 긴장한다든지, 불쾌하다든지, 불안하다든지 등의 스트레스가 있을 때는 교감신경이 우위에서 작용하여 혈관을 좁혀 피의 흐름을 나쁘게 한다. 반대로 즐겁다든지, 여유롭다든지, 태평스럽다든지, 느긋하다든지 등의 편안할 때는 부교감신경이 주도하여 혈관을 열어 피의 흐름이 좋게 한다.

이러한 현상은 현실에서 쉽게 발견할 수 있다. 불편한 상사와 술을 마시고 있을 때는 긴장과 불편함으로 좀처럼 취하지 않는다. 그러나 상사와 헤어지는 순간 취기가 확 오른다. 이는 긴장했을 때는 위와 장의 혈관이 좁아져 알코올성분이 잘 흡수되지 않다가 혼자된 순간에 혈관이 열려 지금까지 마신 알코올성분이 단숨에 흡수되기 때문이다.

느긋하고 즐거우면 혈관이 열리고 피의 순환이 좋아진다. 거꾸로 긴장하고 불안하면 혈관이 좁아지고 피의 순환이 나빠진다. 이제 어떤 상태가 몸에 나쁜지는 명백하다. 불쾌와 불안에 의한 스트레스는 혈관을 좁혀 피의 흐름을 방해하므로 피하는 게 상책이다. 반대로 즐겁고 양기가 생동하는 때는 혈관이 열려 피의 흐름을 원활하게 하므로 즐기면 된다. 이것이 건강한 삶을 유지하는 기본법칙이다.

계속해서 즐겁게 살라는 말을 입버릇처럼 한 이유가 바로 건강한 노년을 위해서다. 사실 언제나 밝고 명랑할 수는 없다. 때로는 우리의 삶에 어둠이 들어찰 것이다. 견딜 수 없을 만큼 쓰라린 일도 닥칠 수 있다. 죽을힘을 다해 노력해도 안 되는 일도 있을 것이다.

이런 때 타인의 위로는 그저 의례적인 인사에 그치기 일쑤다. 어떤 상황이든 그것을 극복하는 건 자신의 몫이기 때문이다. 이때 열심히 노력한 사람일수록 위기를 빨리 극복한다. 그만큼 최선을 다했기 때문에 아쉬움이 적은 탓이다. 어떤 실패나 이별에서도 마찬가지다. 좋지 않은 결과지만 미련 따위는 없다. 후회가 없을 만큼 최선을 다한 까닭이다. 삶에 최선을 다한 자들은 결과에 흥분하기보다는 문제점을 냉철히 분석할 줄 안다. 그리고 곧바로 결정을 내린다. 이는 어둠의 상황에 대한 애도를 끝낸 것이다. 이런 이들은 기분전환이 빠르다. 자신을 컨트롤하는 능력이 탁월하기 때문이다. 결과적으로 전신의 피를 원활하게 순환시켜 몸과 마음의 건강을 챙길 줄 아는 능력자다.

실제로 긍정적인 마인드의 소유자는 압도적으로 건강하고 원기가 넘친다. 반대로 어둡고 사소한 것을 마음에 두는 사람은 신경성에 의한 질병을 앓는 경우가 많다. 이들은 한 번 병에 걸리면 회복이 늦고 수명도 짧아진다. 이렇듯 건강은 마음먹기에 달렸다.

다시 한 번 강조하지만 나는 노인 여러분의 장수를 기원한다.

혹자는 장수해봤자 남에게 신세만 질뿐이라고 냉소적으로 말할지 모르겠지만 절대 그렇지가 않다. 건강하게 장수하면 남에게 신세를 지지도 않을뿐더러 천수를 다 누리게 되면 어느 때 갑자기 덜컥 잠자는 듯 죽는다. 이렇게 죽는 복이야말로 누구에게도 신세를 지지 않는 편안한 대왕생(大往生)이 아니겠는가.[64]

여기 고령자들의 심금을 울리는 노래 몇 곡을 실어본다.

사랑과 인생

진성

1. 바람인들 내 마음 알아주겠니

　구름인들 내 마음 알아주겠니

　속속들이 말 못하고 눈물에 젖는

　이 심정 누가 알겠니

　이럴 땐 누군가와 마주앉아서

　이런저런 얘기하고 정도 나누고

　서로서로 외로움을 달랬으면 좋으련만

　마음대로 안 되는 게 인생이더라

　인생이더라 인생이더라

64　渡辺淳一 著. 熟年革命. 2008年 9月. 日本. 東京. pp. 27~32

2. 술 한 잔이 내 마음 달래주겠니

고향이 어찌 내 마음을 달래주겠니

구구절절 가슴에 담은 내 마음

너는 알겠니

이럴 땐 누군가와 마주앉아서

이런저런 얘기하고 정도 나누고

서로서로 외로움을 달랬으면 좋으련만

마음대로 안 되는 게 사랑이더라

사랑이더라 사랑이더라

그런 여자 없나요

진성

1. 친구도 좋아요 애인도 좋아요 누구라도 좋아요

혼자인 건 이보다 싫어요 외로워서 싫어요

힘든 내 가슴에 꽃잎처럼 날아와 사랑을 심어놓고

영원히 내 곁에 머물 수 있는 그런 여자 그런 여자 어디 없나요

힘들고 지쳐 쓰러질 때 안아줄 그런 여자 없나요

2. 친구도 좋아요 애인도 좋아요 그대라도 좋아요

   혼자 있는 건 이보다 싫어요 쓸쓸해서 싫어요

   힘든 내 가슴에 나비처럼 날아와 사랑을 심어놓고

   영원히 내 곁에 머물 수 있는 그런 남자 그런 남자 어디없나요

   힘들고 지쳐 쓰러질 때 안아줄 그런 남자 없나요

누구 없나요

정형근

1. 누구 없나요 누구 없나요 내 마음 받아줄 사람

   밤에도 낮에도 나의 곁에서 안아주고 재워줄 사람

   세월은 잘도 간다 내 마음 흔들면서 물처럼 바람처럼

   외로워 못 살아요 나를 사랑할 누구 없나요

2. 누구 없나요 누구 없나요 날 위해 울어줄 사람

   오늘도 내일도 나의 곁에서 손을 잡고 살아줄 사람

   세월은 잘도 간다 내 마음 흔들면서 물처럼 바람처럼

   외로워 못 살아요 나를 사랑할 누구 없나요

인생은 꿈이라오

1. 이제 다시 돌아가기엔 너무 멀리 와 버린

   인생이란 아득한 길 눈물이 나도록 후회는 하지 않아요

   쏟아지는 빗줄기처럼 내 갈 길을 막아선

   운명이란 이름 앞에 흔들릴 때마다 가리라 가리라

   이대로 떠나리라 인생이란 꿈이라오

2. 지금 여기 어디쯤인지 정신없이 달려온

   굽이굽이 길목마다 추억 많아도 뒤 돌아가지 않아요

   쏟아지는 빗줄기처럼 내 갈 길을 막아선

   운명이란 이름 앞에 흔들릴 때마다 가리라 가리라

   이대로 떠나리라 인생이란 꿈이라오

현재의 고령자들은 일제의 박해와 6 · 25전쟁을 직 · 간접적으로 겪었던 세대다. 그들의 기억은 아프고 어둡다. 제임스 페너베이커 교수는 "극한상황을 겪은 인간은 무의식 속에 그 상황이 각인되어 정서적으로 불안정할 수밖에 없다."고 말했다.

평생을 그런 불안 속에서 고난의 삶을 살아온 그들의 소망은 남은 삶이나마 행복하게 보내는 것이다. 그러나 그들은 고독하다. 인간은 타인과의 관계 속에서 조화를 이루며 살아가게 되어 있다. 창조주께서도 아담을 만들어 놓고 혼자 있는 것이 보기에 안 좋다고 하시고 이브를 만들어 둘이 서로 사랑하고 도우며 살아가도록 하셨다.

열심히 살았다. 일제 식민지 통치하와 동족 상잔의 비극 6 · 25전쟁 때는 조국 대한민국을 지키기 위해 목숨을 걸고 싸웠으며 정전 후는 폐허가 된 조국의 재건을 위해 서독에 광부로, 간호사로 파견 되었고 중동의 작열(灼熱)하는 태양 아래서 비 오듯 땀도 흘려보고 전쟁터(베트남전)를 달리며 달러를 벌기도 했다. 그러나 흐르는 세월은 나의 의사와는 상관없이 정년퇴직이라는 제도로 직장에서 추방되었다. 뭘 먹고 살아야 하나? 기가 죽는다. 몸은 점차 쇠약해지고 많은 질병은 가까이 지내자고 손짓하고……. 정신은 점차 희미해진다. 젊은 시절의 기백이 다 어디로 갔나? 친구들이 하나 둘 사라진다. 애지중지 길러놓은 자식들도 저희 가정과 생활에 얽매어 발길이 점점 멀어져 간다. 갑자기 나 혼자만 무인도에 와 고립된 것 같은 무서운 고독이 밀려온다. 서럽다. 눈물이 난다. 세상 환경은 왜 이리 빨리도 변하는지 적응이 안 된다. 불과 얼마 전까지만 해도 많은 부하 직원들이 모셔 받들던 몸인데 갑자기 아무 쓸모 없는 퇴물로 전락했다. 인생의 무상함을 뼈저리게 느낀다.

그러나 노년에도 제2의 인생이 있다. 제2의 봄이 있다. 하지만 제2의 인생도, 제2의 봄도 그냥 기다리면 오는 것이 아니다. 모든 것은 그것을 쟁취하기 위해 노력하는 자에게만 온다. 그러나 역시 가장 큰 문제는 경제력이다. 경제적으로 어렵다 보니 이런저런 모임에 나가는 것은 물론, 절실히 필요한 이성 친구 하나 사귀는 것은 꿈도 못 꾼다. 그렇다고 남에게 초라한 꼴을 보이긴 싫다.

　설령 경제력이 있는 처지라 하더라도 자신이 원하는 상대의 눈은 높을 수밖에 없다. 학력이니 외모니 복잡하게 많은 계산을 한다. 그런데 그 정도 수준의 여자를 상대하려니 능력이 부족하다. 선물도 사줘야 하고 고급스러운 여행도 다녀야 하고……. 부담이 아닐 수 없다. 그들에게는 그런 총알(돈)이 없다. 그래서 속 편하게 찾아가는 곳이 종묘고 종삼이다. 박카스 아줌마다. 거기에 가면 그녀들은 자기를 찾아오는 고객의 신분이나 경제력을 따지지 않는다. 잘생기고 못생기고 뚱뚱하고 마르고 남근의 사이즈가 크건 작건 섹스 테크닉이 좋던 시원치 않던 상관하지 않는다. 얼짱 몸짱이 아니어도 그녀들과는 정해진 화대만 지불하면 주어진 시간만큼은 질탕 즐길 수 있다. 적어도 그 시간, 그 공간만은 모든 노인에게 공평하다. 그러다 멋진 파트너 만나면 아, 이건 로또지, 로또가 별건가? 인생 그렇게 그렇게 살아가는 거다. 어차피 이성 친구나 박카스 아줌마나 최종 목적은 섹스지, 그들과 결혼하여 가정을 이루고 자식들 낳으며 살아갈 것도 아니다. 피곤하게 여러 가지 복잡한 사정 신경 안 쓰고 그때그때 따뜻한 체온 느끼며 따뜻한 위로 받으면 만족이다. 아니, 섹스할 때만은 일반 여성들 그 누구를 데려다 놔도 그녀들을 당해낼 만한 테크닉을 가진 여성이 없다. 그녀들은 적어도 섹스에서만은 달인들이다. 남자를 한 번 휘감으면 천국을 몇 번씩 데려갔다 오곤 한다. 누가 감히 그녀들을 비난하고 그녀들을 찾는 사람을 비난할 것인가?

콜라텍 역시 마찬가지다. 일금 천 원을 내고 입장하면 몇 시간 동안 흥겨운 음악에 맞춰 여러 명의 파트너를 바꿔가며 즐길 수 있다. 즐기는 공간으로서 운동의 공간으로서 사교의 장으로서 그곳은 노인들에게 훌륭한 문화 공간이다. 수주대토(守株待兎)란 말이 있다. 나무 밑에 있으면 토끼가 맹수에 쫓겨 도망치다 큰 나무에 부딪혀 죽을 것이니 기다리면 된다고 하는 뜻인데 어리석게 그런 때를 기다리고 있다면 얼마 남지 않은 노년의 세월은 다 가버리고 만다. 노력해야 한다. 토끼가 와서 부딪쳐 죽는 것을 기다릴 게 아니라 먹잇감을 잡으려고 노력해야 한다.

게다가 친구도 사귀고 운동도 하고 음악도 즐기고……. 멋진 곳이다.

당신도 당장 시작해보라. 노년의 제2인생, 제2의 봄이 당신에게 활짝 웃으며 다가올 것이다. 좁은 공간에서 청승떨며 고독과 싸우지 말고 용기를 내 볼 일이다.

고독과 싸우는 많은 고령자들은 여명의 초침이 째각째각 돌아가는 소리를 들으며 현란하지만 곧 지평선 저너머로 사라질 붉게 물든 마지막 태양 빛을 부여잡고 생의 마지막을 언제 맞을지 불안과 초조속에서 이 시간도 고독과 싸우며 몸부림 치고 있다. 다가오는 저승길을 바라보며 이승 세계에서의 마지막 대미를 아름답고 멋지게 장식하고 싶어한다.

남녀가 몸을 포개어 허벅지를 맞대고 비벼보고 싶고 배꼽도 맞춰보고 싶고 서로의 가슴이 터지도록 껴안아보고 싶다. 그리고 서로의 몸이 녹아 나도록 뜨겁게 질탕한 사랑도 나눠

보고 싶다. 아직 살아 있음을 확인하고 싶은 것이다.

   그들은 마음 놓고 노년을 즐길 수 있는 사회적 분위기와 환경이 조성 되기를 간절히 바라고 있다. 우리 모두 이 고독한 노인들이 멋진 노년을 보낼 수 있도록 힘찬 박수를 보내주자!

2014년 10월

亡民 李圭顯

우민 이규현

『긍정이 멘토다』 2탄 공저자를 모집합니다!

개요

1. 공동 저자: 총 36명

2. 책 전체 분량: 380쪽 내외(1인당 10쪽 내외)

3. 원고 분량: A4용지 5장(글자크기 10포인트, 줄 간격 160%)

4. 경력(프로필): 10줄 이내

5. 사진: 자료사진 3매, 사진 설명 20자 미만

6. 신청 및 원고 접수: 수시 마감

7. 출간 예정일: 연 3회

긍정, 행복, 성공에 관한 이야기를 독자들에게 전하고 나눌 수 있는 내용의 원고를 자유로운 형식으로 작성하여 제출해 주시면 행복에너지 소속 전문작가가 독자들이 읽기 편하도록 전반적인 윤문과 교정교열을 할 예정입니다.(원고는 ksbdata@daum.net 으로 송부해 주시기 바랍니다.)

책 발행비용은 100만 원이며 저자에게 발행 즉시 100부를 증정합니다.
발행비용은 신청 시 50만 원, 편집완료 시 50만 원을 '국민은행 884-21-0024-204 도서출판 행복에너지 권선복'으로 입금해 주시면 되겠습니다.

자세한 문의는 언제든지 하단의 전화, 이메일을 통해 연락을 주시면 성실히 답변을 드리오며 원고 내용이나 책에 관해 궁금하신 분들은 도서『긍정이 멘토다』를 직접 참조해 주시기 바랍니다.

도서출판 행복에너지: www.happybook.or.kr
대표이사 권선복
HP: 010-8287-6277   Tel: 0505-613-6133   E-mail: ksbdata@daum.net

소리(전 8권)

정상래 지음 | 각 권 13,500원

쏟아져 나오는 책은 많지만 읽을거리가 없다고 탄식하는 독자들이 많다. 그렇다면 근대 한국사에 담긴 우리 한의 정서에 관심이 있다면, 대하소설의 참맛에 대해 잘 알고 있다면, 정말 제대로 된 작품을 읽어볼 요량이라면 이 소설은 독자를 위한 더할 나위 없는 선물이자 생을 관통할 화두가 되어 줄 것이다.

조영탁의 행복한 경영이야기 세트(전 10권)

조영탁 지음 | 각 권 15,000원

행복한 성공을 위한 7가지 가치, 그 모든 이야기를 담은 『조영탁의 행복한 경영이야기』 전집은 자신은 물론 타인의 삶까지 행복으로 이끄는 '행복 CEO'가 되는 길을 제시한다. 다양한 분야에서 칭송을 받아온 인물들의 저서에서 핵심 구절만을 선별하여 담았다. 저자는 이를 '촌철활인(寸鐵活人: 한 치의 쇠로 사람을 살린다'으로 재해석하여 현대인이 지향해야 할 삶의 태도와 마음에 꼭 새겨야 할 가치를 제시한다.

음악을 건네다

최철규 지음 | 320쪽 | 15,000원

현재까지 라디오 방송 DJ와 PD로 활약하면서 수많은 청자들에게 음악을 선물해온 저자가 20여 년간의 음악 방송인 경력을 십분 발휘하여, 고르고 고른 58곡의 노래에 이야기를 덧입혀 담아낸 음악에세이집이다. 국내외 거장들의 노래 가사를 하나씩 소개하면서 그와 걸맞은 이야기를 정감 어린 톤으로 풀어낸다.

열정 리더십의 스파크 경영

최유섭 지음 | 280쪽 | 15,000원

『열정 리더십의 스파크 경영』은 현재 20년 넘게 전둔 전자부품 분야에서 정상의 자리를 지켜오고 있는 '텔콤'의 최유섭 대표이사의 경영론 모음집이다. 텔콤의 창립부터 현재에 이르기까지의 연혁을 바탕으로 '이기는 경영'이 무엇인지, 리더가 진정으로 갖춰야 할 열정과 태도는 무엇인지를 생생하게 전하고 있다.

하루 일자리 미학

김한성 지음 | 260쪽 | 15,000원

책 『하루 일자리 미학』은 현재 인력소개업을 하는 저자의 생생한 경험담을 바탕으로 인력소개업계가 앞으로 나아가야 할 올바른 방향은 무엇인지, 기업과 근로자 모두가 상생하는 방안은 무엇인지에 대해 제시한다. '건설인력업계 민간 부문 최초의 책'으로서 더욱 주목받고 있으며, 수많은 일용근로자들에게 삶을 알차게 가꿀 계기를 마련해주는 이정표가 되어 줄 것이다.

긍정의 힘

김영철 외 36인 지음 | 416쪽 | 15,000원

『긍정의 힘 – 인생을 성공으로 이끄는 단 하나의 열정』은 성공을 거머쥐기 위해 반드시 갖춰야 할 자세 '긍정'의 힘이 얼마나 위력적인지를 다양한 목소리를 통해 들려준다. 자기 자신에 대한 굳건한 믿음, 아무리 힘겨워도 웃을 수 있는 밝은 마음이야말로 이 험난한 세상을 이겨나가게 하는 가장 큰 무기다. 긍정 선생이 전하는 도전, 성공, 웃음, 행복, 희망의 이야기를 만나보자.

명세지재들과 함께한 여정

강 형(康洞) 지음 | 432쪽 | 25,000원

이책은 평생을 교육자로 살아온 강형 교수의 회고록이다. 1부는 오직 교육자의 길만을 걸어온 저자의 지난날의 대한 회상을 중심으로, 제자들과 함께한 그 열정의 여정에 대해 이야기한다. 2부는 저자에게 가르침을 받은 명세지재들의 옥고(玉稿)를 담고 있다. 이 책은 진정한 교육자의 길은 무엇인지 알려주고 대한민국 교육계의 미래를 위해 우리가 해야 할 일은 무엇인지에 대해 명쾌히 전하고 있다.

공부의 모든 것

방용찬 지음 | 서한샘 추천감수 | 304쪽 | 15,000원

30년 동안 유수의 명문 학원에서 강사와 원장으로 활동하며, 학원 교육 분야에서 일가를 이뤄온 방용찬 원장의 책 『공부의 모든 것』은 학생들이 자신의 공부법에 대한 문제점을 객관적으로 진단할 수 있도록 구성되어 있다. 교육을 매개로 저자와 한 가족과 다름없는 친분을 맺어온 학원가의 대부, 한샘학원 설립자 서한샘 박사의 감수와 적극적인 추천은 그 신뢰성을 더한다.